D1731950

Impressum

Titel:	Freie Arbeit - Wochenplan
Herausgeber:	Walter Hövel
Druck:	Druckerei Nolte, Iserlohn
Verlag:	**Verlag an der Ruhr**

Verlag an der Ruhr
Postfach 10 22 51
45422 Mülheim an der Ruhr
Alexanderstr. 54
45472 Mülheim an der Ruhr
Tel.: 0208 / 439 54 54
Fax: 0208 / 439 5 439
e-mail: info@verlagruhr.de
http://www.verlagruhr.de

© **Verlag an der Ruhr 1991**

ISBN 3-927279-77-3

Statt eines Vorwortes

Charta der fundamentalen Rechte und Bedürfnisse der Kinder und Jugendlichen

1. Die Geburt und die Aufnahme des Kindes in dieser Welt
- Das Kind hat das Recht, kein Produkt des Zufalls zu sein.
- Das Kind hat das Recht, um seiner selbst willen gewollt zu werden und nicht im Interesse irgendeiner Politik.
- Das Kind hat das Recht, um seiner selbst willen gewollt zu werden und nicht allein im Interesse seiner Eltern.
- Das Kind braucht eine Schwangerschaft und eine Geburt ohne traumatische Schädigung.
- Das Kind hat das Recht, angenommen zu werden, so wie es ist - wie auch immer seine körperliche Konstitution sein mag.
- Das Kind hat das Recht, angenommen und geliebt zu werden ohne Rücksicht auf sein Geschlecht.

2. Die Entwicklung des Körpers
- Das Kind hat das Bedürfnis nach einer ausgewogenen Ernährung.
- Das Kind hat das Bedürfnis, nach seinem eigenen Rhythmus zu leben und sich auszuruhen.
- Das Kind hat das Recht, daß die Bedürfnisse seines Körpers berücksichtigt und auch nicht unbewußt mißachtet werden.
- Das Kind hat das Bedürfnis, sich aller Möglichkeiten seines Körpers bewußt zu werden.
- Das Kind hat das Recht, nicht dauernd sauber und untadelig sein zu müssen.

3. Die Achtung vor der Person des Kindes
- Das kleine Kind braucht den Kontakt mit der Mutter oder dem Vater.
- Das Kind braucht den Kontakt mit Erwachsenen beiderlei Geschlechts.
- Das Kind braucht den Kontakt mit Kindern beiderlei Geschlechts.
- Das Kind braucht gefühlsmäßige Geborgenheit.
- Jedes Kind ist einzigartig und hat ein Recht darauf, daß seine Persönlichkeit respektiert wird.
- Das Kind braucht Vertrauen.
- Das Kind hat ein Recht auf Würde.

4. Die volle Entfaltung des Kindes
- Jedes Kind hat das Recht auf die maximale Entfaltung aller in ihm angelegten Möglichkeiten; es hat das Recht auf Genuß und Vergnügen.
- Das Kind hat das Recht auf Selbständigkeit und Verantwortung.
- Das Kind braucht das Erlebnis der Erfolge.
- Das Kind hat das Recht auf Irrtum.
- Das Kind hat das Bedürfnis, erfinderisch und kreativ zu sein.
- Das Kind hat das Bedürfnis, sich auszudrücken.
- Das Kind hat das Bedürfnis, mit anderen zu kommunizieren.
- Das Kind hat das Bedürfnis nach ästhetischen Empfindungen.

5. Der Zugang zum Wissen
- Das Kind hat das Recht auf wahre und plausible Antworten auf die Fragen, welche es sich stellt.
- Das Kind hat das Recht, sich jedes Wissen anzueignen.
- Das Kind hat das Recht, die sozialen und wirtschaftlichen Phänomene zu verstehen, die es umgeben.
- Das Kind hat das Bedürfnis, sich seiner sozialen Umwelt bewußt zu werden.

6. Die Umwelt
- Das Kind hat das Recht auf ein Minimum an Raum.
- Das Kind hat das Bedürfnis nach lebendigem Kontakt mit der Welt.
- Das Kind hat das Bedürfnis, mit sehr verschiedenen Materialien zu experimentieren.
- Das Kind hat das Recht, auf seine Umwelt Einfluß zu nehmen.

7. Das soziale Verhalten
- Das Kind hat das Recht, weder indoktriniert noch konditioniert zu werden.
- Das Kind hat das Recht, nicht den jeweils wechselnden Moden unterworfen zu sein.
- Das Kind hat das Recht, Kritik zu üben.
- Das Kind hat das Recht, am Berufsleben teilzunehmen, bevor es selbst in die Produktion eingespannt ist.
- Die Kinder haben das Recht, sich demokratisch zu organisieren, um für die Respektierung ihrer Rechte und die Verteidigung ihrer Interessen einzutreten.

Celestin Freinet

Vom methodischen Treppensteigen

Der Pädagoge hatte seine Methoden aufs genaueste ausgearbeitet; er hatte - so sagte er - ganz wissenschaftlich die Treppe gebaut, die zu den verschiedenen Etagen des Wissens führt; mit vielen Versuchen hatte er die Höhe der Stufen ermittelt, um sie der normalen Leistungsfähigkeit kindlicher Beine anzupassen; da und dort hatte er einen Treppenabsatz zum Atemholen eingebaut und an einem bequemen Geländer konnten die Anfänger sich festhalten.

Und wie er fluchte, dieser Pädagoge! Nicht etwa auf die Treppe, die ja offensichtlich mit Klugheit ersonnen und erbaut worden war, sondern auf die Kinder, die kein Gefühl für seine Fürsorge zu haben schienen.

Er fluchte aus folgendem Grund: solange er dabei stand, um die methodische Nutzung dieser Treppe zu beobachten, wie Stufe um Stufe emporgeschritten wurde, an den Absätzen ausgeruht und sich an dem Geländer festgehalten wurde, da lief alles ganz normal ab. Aber kaum war er für einen Augenblick nicht da: sofort herrschten Chaos und Katastrophe! Nur diejenigen, die von der Schule schon genügend autoritär geprägt waren, stiegen methodisch Stufe für Stufe, sich am Geländer festhaltend, auf dem Absatz verschnaufend, weiter die Treppe hoch - wie Schäferhunde, die ihr Leben lang darauf dressiert wurden, passiv ihrem Herrn zu gehorchen, und die es aufgegeben haben, ihrem Hunderhythmus zu folgen, der durch Dickichte bricht und Pfade überschreitet.

Die Kinderhorde besann sich auf ihre Instinkte und fand ihre Bedürfnisse wieder: eines bezwang die Treppe genial auf allen Vieren; ein anderes nahm mit Schwung zwei Stufen auf einmal und ließ die Absätze aus; es gab sogar welche, die versuchten, rückwärts die Treppe hinaufzusteigen und die es darin wirklich zu einer gewissen Meisterschaft brachten.

Die meisten aber fanden - und das ist ein nicht zu fassendes Paradoxon - daß die Treppe ihnen zu wenig Abenteuer und Reize bot. Sie rasten um das Haus, kletterten die Regenrinne hoch, stiegen über die Balustraden und erreichten das Dach in einer Rekordzeit, besser und schneller als über die sogenannte methodische Treppe; einmal oben angelangt, rutschten sie das Treppengeländer runter...um den abenteuerlichen Aufstieg noch einmal zu wagen. Der Pädagoge macht Jagd auf die Personen, die sich weigern, die von ihm für normal gehaltenen Wege zu benutzen. Hat er sich wohl einmal gefragt, ob nicht zufällig seine Wissenschaft von der Treppe eine falsche Wissenschaft sein könnte, und ob es nicht schnellere und zuträglichere Wege gäbe, auf denen auch gehüpft und gesprungen werden könnte; ob es nicht , nach dem Bild Victor Hugos, eine Pädagogik für Adler geben könnte, die keine Treppen steigen, um nach oben zu kommen?

Celestin Freinet
Die "Schwätzer"

In unseren Dörfern gibt es die "Schwätzer" und die "Schaffer", die Redner und die Arbeiter.

Der Arbeiter arbeitet zunächst. Während seiner Arbeit und durch sie überlegt, lernt, urteilt, fühlt und liebt er.

Der "Schwätzer" redet zunächst. Die Überlegenheit, die der Arbeiter aus seiner Findigkeit und Zähigkeit gewinnt, zieht er, der "Schwätzer", vorgeblich aus seiner Geschicklichkeit, mit Wörtern umzugehen und Systeme nach einem Wirrwarr von Regeln und Theorien zu ordnen, deren Hohepriester er ist. Das nennt er dann anspruchsvoll "Logik" und "Philosophie".

Sie lernen Fahrrad fahren wie alle Fahrrad fahren lernen. Die "Schwätzer" werden Sie über Ihren Irrtum aufklären: vorher muß man doch - nicht wahr - die Regeln des Gleichgewichts und die Anforderungen der Mechanik kennen!

Die "Schwätzer" können aber gar nicht Fahrrad fahren!

Wenn sie es wagten, würden sie Ihnen beweisen, daß Sie Unrecht haben, Ihr Baby so unwissenschaftlich daherreden zu lassen, und sie würden Sie den lieben langen Tag mit den unwiderlegbaren Gesetzen der richtigen Sprache traktieren.

Aber Ihre Kinder wären stumm!

Eben jene Schwätzer haben uns eingeredet, es sei notwendig, das Erlernen des schriftlichen Ausdrucks mit dem methodischen Studium der Grammatik anzufangen und Schritt für Schritt vorzugehen: vom Wort zum Satz, vom Satz zum Abschnitt und dann zum vollständigen Text.

Sie kennen die Grammatik, aber die Gabe, fesselnd und lebendig zu schreiben, haben sie verloren.

Mit einer Schamlosigkeit, die höchstens noch von unserer Leichtgläubigkeit übertroffen wird, sprechen sie auch zu uns über die Vorzüge der Landarbeit und die bukolischen Reize der Arbeit auf den Feldern. Denn ihre Rolle ist es nicht zu arbeiten, sondern zu reden. Vor einem mucksmäuschenstillen Saal erklären sie mit Wissenschaft und Logik, wie man auf dem Land zu arbeiten hätte und was uns die frisch aufgeworfenen Erdschollen sagen oder die Trauerweiden, die im Herbst goldene Tränen aus ihren bewegten Blättern weinten!

Sie aber können gar nicht arbeiten!

Meinem Lehrling auf dem Land habe ich nichts zu sagen, außer wenigen wichtigen Worten, die im geeigneten Zeitpunkt ihm praktische Ratschläge oder Handgriffe vermitteln - oder auch sehr persönliche Gefühle, die sich über eine Bewegung, einen Blick oder Schweigen vermitten.

Aber dieser Philosophie der Weisen, die der Gipfel der Wissenschaft, der Logik und der Arbeit sein soll, wird er mit einem Achselzucken begegnen.

Und er kann arbeiten!

8

Peter Petersen **1884 - 1952**	**Schule als Lebensgemeinschaftsschule (Jena-Plan)**	**Freies Arbeiten** tragendes Element des Unterrichts ursprünglich: 2 Stunden am Ende der Woche zur Nachbereitung, Intensivierung und Weiterführung der Wochenthemen aktuell: Element des Kursunterrichts in Verbindung mit projektorientierter Gruppenarbeit
Ziele Selbstbehauptung Beherrschung der Zivilisation Erziehung zu Werten, zur Gemeinschaft, zur Arbeit	**Hauptformen** das Gespräch (Kreis) das Spiel die Feier die Arbeit	**Arbeitspläne** Tages-, Wochen- und Jahrespläne ursprünglich: Übersicht über den gesamten Unterricht aktuell: als Wochenplan Anleitung zur Arbeit in einem Fach oder als Organisationshilfe der epochalen Kursarbeit mit "Fundamentum und Additum" oder als Material für Übungsstunden
Rolle der Lehrer ursprünglich: Führer und Erzieher aktuell: Organisator und Helfer	**Formen des Unterrichts** Kern-Kurs-System Gruppenarbeitsstunden (Kultur, Natur) Gestaltungslehre Übungs- und Wahlkurse Gemeinschaftsformen projektorientierte Epochen (Kurs) jahrgangsübergreifende Klassen (Helfersystem)	**Kritik** "Die Schüler...bei der Planlegung der Arbeit...mit aussuchen und entscheiden lassen...nicht im Sinne irgendwelchen Abstimmungsverfahren, sondern so, daß vom Führer die beste Meinung, der beste Vorschlag aufgegriffen und dann ausgeführt wird... Den Willen der Schüler einzuspannen. Sie sollen beileibe nicht tun, was sie wollen, aber wir möchten, daß sie wollen, was sie tun! (Petersen, Großer Jenaplan, S. 80)

Maria Montessori **1870 - 1952**	**Schule als Schule für jedes einzelne Kind**	**Freiarbeit** als individualisierte Verfahren in Rechnen, Wort- und Satzlehre Lernen mit Hilfe von Materialien
Ziele "Hilf mir, es selbst zu tun" "Wenn du dem Kind die Welt erklären willst, gib sie ihm ganz in die Hand" Ein zufriedenes, lernbereites Kind	**Hauptformen** Polarisierung der Aufmerksamkeit (sensible Phasen) Organisation des Lernens durch das Kind selbst in einer wohlvorbereiteten Umgebung mit Montessorimaterial	**Pläne** als "Pass" (Lernprogramme) Kontrollkarten zur Freiarbeit
Rolle der Lehrer Beobachter der Kinder zum Erkennen der Sensibilitätsphasen Gestalter der Lernumgebung	**Formen des Unterrichts** zu Anfang jeden Tages 2 Stunden Freiarbeit mit individualisierten Materialien in Deutsch und Mathematik Fachunterricht als üblicher Stundenplan jahrgangsübergreifende Klassen	**Kritik** "Lernen im Käfig des Materials" starke ideologische Einengung

Célestin Freinet **1896 - 1966**	**Schule als Ausgangspunkt des selbstorganisierten kooperativen Lernens an der Wirklichkeit**	**Freie Arbeit** umfassender Begriff als Ziel des gesamten Unterrichts
Ziele den Kindern das Wort geben freie Entfaltung der Persönlichkeit Selbstverantwortlichkeit Kooperation Selbstorganisation Selbstbestimmung Kritische Auseinandersetzung mit der Umwelt	**Hauptformen** Entwicklung der Kreativität, Phantasie und des Forschens direkter Kontakt zur eigenen Wirklichkeit Verlassen der Schule ganzheitliches, entdeckendes und natürliches Lernen Lernen mit Arbeitskarteien freies Experimentieren freier Ausdruck Veröffentlichung der Arbeitsergebnisse	**Arbeitspläne** von Schülern und Lehrern gemeinsam beschlossene, (selbst)verpflichtende Verträge individuelle Arbeitspläne Arbeitspläne der Klasse
Rolle der Lehrer Beratung Würdigung der Arbeit nicht mehr derjenige sein, der alles bestimmt, nicht mehr derjenige sein, der nie eingreift	**Formen des Unterrichts** Klassenkooperative Klassenrat fächerübergreifende Projektarbeit Ateliers und Arbeitsecken Auflösung des Stundenplans und des 45-Minuten-Rhythmus Abschaffung des Buchunterrichts	**Kritik** zu offen fehlende Rezeptur starke weltanschauliche Sicht hoher Anspruch an Lehrerpersönlichkeit

Walter Hövel
Pläne und das Lernen

Lernen braucht eigentlich keine Pläne, so wie es in der Natur keine Geländer gibt. Wer hier wandern will, wird nicht zuerst Geländer bauen. Sie oder er wird aber lernen, sich zu orientieren, sich Halt zu suchen, den sicheren Steg zu wählen und mit Erfolg gemeinsam anzukommen.

Wer allerdings zwischen Zäunen, Gittern, Geländern, Mauern und Straßenmarkierungen aufwächst, mag sich vor Wildbächen und Höhen fürchten.

Eine Brücke oder ein Pfad mit Geländer könnten lebensrettend sein. So brauchen viele Menschen zunächst Geländer oder Pläne, wenn sie neue oder unbekannte Lernwege gehen.

Aber Pläne führen nicht durch Lernprozesse, sie sind eben nur künstliche Sicherheitsangebote oder Markierungen.

Da alle Lernprozesse verschieden sind, je nach Ort, Bedingung oder Mensch, gibt es nicht den einen Plan. Es gibt nur Erfahrungen mit Sicherheitsangeboten und Markierungen, mit ihrer Einführung und Abschaffung.

Viele SchülerInnen, viele Klassen, viele LehrerInnen brauchen bei vielen neuen Lernwegen überhaupt keinen Plan, wenn sie Vertrauen in sich selbst haben und die Lehrer ihnen dieses Selbstvertrauen lassen.

Viele SchülerInnen, viele Klassen, viele LeherInnen brauchen bei vielen neuen Lernwegen Pläne, wenn sie sich komplexe Aufgaben stellen, wenn sie noch keine gemeinsamen Erfahrungen mit natürlichem Lernen haben, wenn sie Erfahrungen im Lernprozeß festhalten wollen, wenn sie aus dem eigenen Lernen lernen wollen, wenn sie sich beim Lernen kennenlernen wollen, etc., etc. .

Es gibt keinen Plan, der für jede Klasse funktioniert. Die hier abgedruckten Pläne können nur Anregung oder Ermunterung für Pläne sein, die sie mit Ihrer Klasse erstellen können.

Pläne sind nicht dazu da, um sie zu erfüllen oder umzusetzen. Sie helfen vielmehr den Lernenden (auch LehrerInnen) zu lernen, wie sie ihre Arbeit individuell und gemeinsam organisieren.

Pläne helfen nur eine bestimmte Zeit. Wenn alle gelernt haben, mit ihnen zu arbeiten, sind sie überflüssig. Ihre gänzliche Abschaffung oder die Weiterentwicklung steht an.

> **Auf einer Wiese brauchst du keine Geländer!**

Pläne sind nie perfekt. Sie bedürfen der ständigen Korrektur, Verbesserung und Infragestellung.

Pläne, die nur von LehrerInnen ohne die Lernenden erstellt werden, können nur das Sicherheitsbedürfnis und die Lernstrategie der Lehrenden widerspiegeln. Sie nutzen nur wenigen Lerntypen. Pläne sind ständige Angelegenheit aller Lernenden.

Pläne können leicht als schriftliche Frontalanweisung oder Kontrollwerkzeug gebraucht werden. Pläne können aber auch der Selbstkontrolle und der gegenseitigen kooperativen Verbindlichkeit dienen.

Pläne können verschiedene Zeitäume erfassen: ein ganzes Schuljahr, ein Halbjahr, einen Monat, eine Woche, einen Schultag oder - zu Anfang gar - eine Unterrichtsstunde, eine Epoche, ein Projekt, bestimmte Sequenzen des Fachunterrichts, ein Schullandheimaufenthalt oder ein Praktikum.

Im Fogenden werden 3 Beispiele dokumentiert:
I.   Ein Jahresplan eines 9. Schuljahres, Hauptschule
II. Eine wöchentliche Planung eines 5. Schuljahres, Gesamtschule
III. Ein Wochenplan eines 2. Schuljahres, Grundschule

I. Klasse 9a, Hauptschule, Schuljahr 1986/87 Epochenplan[1] für den Kernunterricht[2]

8. September bis 23. September	KUNST	**Ölmalerei** Nach einer Erprobung des Materials und der Techniken erstellt jede/r SchülerIn ein Ölbild auf Holz. Ausstellung und Auswertung in der Klasse.
29. September bis 24. Oktober	GESCHICHTE DEUTSCH KUNST TEXTIL	**20. Jahrhundert, 1. Teil** Themen:

* 1. Weltkrieg
* Oktoberrevolution
* Gründung der türkischen Republik
* Juden in Deutschland 1933-45
* Seekrieg im II. Weltkrieg
* Luftkrieg im II. Weltkrieg
* Völkermord im II. Weltkrieg
* Die Türkei im II. Weltkrieg
* Der II. Weltkrieg in Afrika und die historischen Voraussetzungen
* Kriegsende in Deutschland
* Der Vietnamkrieg
* Entwicklung der Mode im 20. Jahrhundert
* Die Frauenbewegung im 20. Jahrhundert
* Überblick über die Ereignisse von 1900 bis 1933

In der Vorbereitungsphase wird eine Zeitleiste (1900 bis heute) erstellt. Aufgrund dieser Übersicht wählen die SchülerInnen Themen, die am Schluß des Projekts vorgetragen werden.

---

[1] Der ursprüngliche Plan kannte nur die Zeiteinteilung und die Oberthemen. Der Jahresplan hing in Form einer Wandzeitung in der Klasse und wurde bis zum vorliegenden Stand komplettiert.

[2] Der Lernunterricht umfaßte 3 Stunden Deutsch, alle Stunden von Kunst, Geschichte, Politik, Wirtschaftslehre, Erdkunde, Biologie

3. November bis 7. November	**DEUTSCH** MUSIK	**Musikgeschmack** Mehrere Schüler stellen "ihre Musik" vor. Im Mittelpunkt der folgenden Erörterungen stehen der kulturelle Hintergrund wie auch die Frage der Bewertung persönlicher und ästhetischer Kategorien.
9. November bis 14. November	**ERDKUNDE** GESCHICHTE WIRTSCH.-L. BIOLOGIE	**Entwicklungsländer** Dieses Projekt wird in mehreren Lehrervorträgen durchgeführt und mit einem umfassenden Test abgeschlossen.
17. November bis 5. Dezember	**BIOLOGIE** TECHNIK KUNST GESCHICHTE DEUTSCH TEXTIL PHYSIK	**Offene Themen** Die Schüler benenn ihre Themen selbst: ● Aussterbende Tiere ● Bedrohte Pflanzen ● Heißluftballons ● Kunst der Dritten Welt ● Flugzeuge ● Das 20. Jahrhundert als Wandbehang ● Bilder nachstellen ● Alkoholherstellung ● Schriften und Sprachen der Erde ● Ägyptologie Die Ergebnisse werden teilweise vorgestellt in Vorträgen und Vorführungen, teilweise mit Wandzeitungen und Mappen dokumentiert.

8. Dezember bis 22. Januar	**BIOLOGIE**	**Umwelt**

BIOLOGIE
TECHNIK
WIRTSCHAFT.
CHEMIE
DEUTSCH

Umwelt
Themen:
● Geschichte des Bodens und seiner Kultivierung
● Evolution
● Zauber der Formen der Natur
● Gesundheit, Krankheit
● 500 Fragen zur Umwelt (Erstellung einer Kartei)
● Insekten als Krankheitserreger
● Solarenergie
● Der Öko-Knigge
● Chemie in Lebensmitteln
● Alternative Landwirtschaft (Permakultur)
● Luftverschmutzung
● Rohstoff Pflanze
● Wasser
● Verschmutzung der Flüsse
● Kohlenmonoxid und -dioxid
● Gift in Lebensmitteln
● Boden-Wasser-Pflanzen-Ernährung
● Verschiedene biologische Experimente
Jeder Schüler erhält ein umfassendes Buch zu seinem Thema, das er durcharbeitet und vorstellt. Die Auswertung erfolgt in Vorträgen und in einem umfassenden Test zu allen Themen.

26. Januar bis 30. Januar

DEUTSCH

Zukunftsromane
Rechtschreibung
Die Schüler erhalten je einen Zukunftsroman und ein Übungsheft zur Rechtschreibung. Die Aufgabenstellung wird gerecht und exemplarisch besprochen. Das Übungsheft muß bis zum 1. März, der Roman bis zum 15. März bearbeitet sein.

WIRTSCH.-L.
DEUTSCH

Die Schüler bearbeiten verschiedene Informationsschriften zur **Berufswahl** und zur **Lehrstellensituation in Köln.** Die Mappe mit Bewerbungen, Lebenslauf, etc. wird fertiggestellt.

| 2. Februar bis 25. Februar | **BIOLOGIE** DEUTSCH | **Verschiedene Themen** |

Themen:
- Fortpflanzung der Tiere
- Geschlechtlichkeit des Menschen
- Fortpflanzung der Pflanzen
- Zukunft der Menschheit
- Verhalten bei Mensch und Tier
- Herkunft des Menschen
- Vererbung
- Lebewesen entwickeln sich und wachsen
- Nutzung und Erhaltung der Natur
- Lebewesen verändern ihre Gestalt
- Zeugnisse der menschlichen Urgeschichte
- Bewegung und Fortbewegung
- Lebewesen leben in Gemeinschaft
- Mensch und Gesundheit
- Infektionskrankheiten
- Mensch verschmutzt Luft
- Ökosystem Wald
- Lebewesen reagieren auf Reize
- Sinnesorgane, Nerven und Hormone
- Zellaufbau und -funktion
- Einzeller
- Blut
- AIDS

Die Schüler bearbeiten verschiedene Materialien, die sie in einem Vortrag oder durch eine Wandzeitung oder Mappe dokumentieren.

| 26. und 27. Februar | **WIRTSCH.-L.** | **Markt- und Planwirtschaft, Wirtschaftskreisläufe;** Lehrervortrag Bearbeitung von **Industrietest**fragen; Unterrichtsgespräch |

| 5. März bis 24. März | **KUNST** | **Atelierarbeit Steinmetzarbeiten, Tiffani, Glasschmuck, Wachs** Jeder Schüler arbeitet bis zur Fertigstellung eines oder mehrerer Produkte in jedem Atelier. Die Produkte werden ausgestellt. |

3. April bis bis 26. Mai | **ERDKUNDE** | **Große Staaten der Erde:**
DEUTSCH | **Australien, Brasilien, China, Indien,**
GESCHICHTE | **Südafrika, UdSSR, USA**
WIRTSCHAFT.

Die Schüler erhalten die Aufgabe, alle ihnen zugänglichen Informationen über ihr zu behandelndes Land umfassend zu sammeln (Bücherei, Botschaften, Zeitungen, Schulbücher, Atlanten, etc.). Der Abschluß ist ein fiktives Beratungsgespräch zwecks Investitionen im betreffenden Land.

26. Mai bis 23. Juni | **GESCHICHTE** | **20. Jahrhundert, 2. Teil**

Themen:

- Spanischer Bürgerkrieg
- Die Geschichte der KPD von 1916-45
- Köln unterm Hakenkreuz
- Jugendliche in der Nazizeit
- Soldatsein im II. Weltkrieg
- Berlin seit 1945
- Der Nahe Osten von 1945 bis heute
- Jugendliche in den 60iger Jahren
- Jugendliche in den 70iger Jahren
- Studentenunruhen in der Bundesrepublik
- Geschichte der türkischen "Gast"arbeiter
- Geschichte der Landwirtschaft in unserem Jahrhundert
- Einstein
- Oppenheimer

Die Schüler arbeiten mit verschiedenen Techniken:

Einige versuchen über "Zeitzeugen" ihre Informationen zu sammeln, andere arbeiten mit Dokumenten und Sekundärliteratur. Die Vorstellung erfolgt in verschieden Techniken.

25. Juni bis 14. Juli	**DEUTSCH**	**Lyrik**
	KUNST	Den Schülern stehen etwa 200 Lyriktexte und 50
	TEXTIL	verschiedene handlungsorientierte Techniken zur
	TW	Interpretation und Darstellung zur Verfügung[3].
		Ziel des Projekts ist die schülereigene
		Präsentation der von ihnen ausgesuchten
		Texte.
Regelmäßige	DEUTSCH	● Klassenversammlung
(wöchentlich oder	WIRTSCH.-L.	● Freie Texte
14-tägig)		● Rollenspiel Vorstellungsgespräch
Veranstaltungen		● Vorbereitung auf Industrietests
		● Schülerfachkonferenzen zur Vorbereitung der
		Projekte

---

[3] Kartei: "Warum nicht Literatur - handlungsorientiert"

II. Jahrgangsstufenkonferenz 5, Gesamtschule

Freie Arbeit
Klassenarbeitsplan

**Fachkonferenzen <-> Stufenteam <-> Tutorenteam <-> LehrerIn
SchülerIn <-> Tischgruppen <-> Klasse <-> LehrerIn**

planen Unterricht, verschaffen sich Überblick über Arbeit mit den Schülern im Klassenrat zum Ende der Woche zu folgenden Punkten:

- noch nicht fertige Arbeiten
- Aufgaben und Themen der folgenden Woche (oder länger)
- Pflichtaufgaben von Lehrerseite
- Differenzierungswünsche der Schüler (Üben, Wiederholen etc.)
- Partner- und Gruppenaufträge
- Projektaufträge
- Erkundungen und Lernen außerhalb der Schule
- feste periodische Aufgaben (Vokabeln, Diktate, Freie Texte, etc.)
- zusätzliche Vorhaben (Klassenraumgestaltung, Korrespondenz, Experimente, Exkursionen, Unternehmungen, etc.)
- soziale Organisation
- Ämter, Dienste

Der entstandene Plan wird in Form eines AB vervielfältigt, als Wandzeitung ausgehängt oder als Tafelbild transparent gemacht.

Zu Beginn der Woche erstellen die Schüler ihren **Individuellen Arbeitsplan** wo sie auf der Grundlage des Klassenarbeitsplans ihre Arbeit planen, der ihre Arbeit während der Woche begleitet.
Dies kann in Form eines Arbeitsblattes geschehen oder mit einem Arbeits(berichts)heft. Vielen Schülern reicht der Klassenarbeitsplan, sie behalten den Überblick über ihre eigene Arbeit.

Ziel: Ein immer höher werdender Grad an Selbstverantwortung, Selbstorganisation und Selbstbestimmung, individuelles und kooperatives Lernen durch Eigentätigkeit und Primärerfahrungen, kritischer Umgang mit Sekundärerfahrungen.

ÜBUNGSAUFGABEN
(Bitte nicht als Freie Arbeit ausgeben)
Übungs- und Förderstunden, Übungssequenzen der Fächer

Fachkonferenzen <-> Stufenteam <-> Tutorenteam <-> LehrerIn

bieten den Schülern Materialien zum Üben, Wiederholen, Festigen, Fördern, Fordern, Anregen, selbständigen Erarbeiten an.

Die Übungsaufgaben können u.a. enthalten:

- AB zu fächerspezifischen Aufgaben (Grammatik, Diktate, Sprache, Mathe, GL, Bio, etc.)
- Aufträge zur Arbeit mit Übungsteilen der Schulbücher, workbooks, Lernprogrammen, Lernkarteien
- Arbeitsaufträge zum Schreiben, Lesen, Zeichnen, Malen, Basteln, Experimentieren, Erkunden, etc.
- verschiedene Angebote oder Anregungen

Die Schüler bearbeiten in Einzel-, Partner- oder Tischgruppenarbeit die gestellten Aufgaben.
Die LehrerInnen beraten und helfen bei der Arbeit.
Wo immer sinnvoll, sollten Selbstkontrollen eingebaut werden.
Möglichkeiten der inneren Differenzierung können berücksichtigt werden.
LehrerInnen kontrollieren die Bearbeitung.

Ziele:
Schüler erhalten Überblick über das Pflichtpensum, Lehrererwartungen werden offengelegt,
Schüler lernen Arbeitsmittel und -formen kennen,
Schüler lernen ihre Arbeit einzuteilen,
sie lernen die Arbeit zu planen.

Bei Erreichen der obigen Ziele möglichst baldige Abschaffung der vorgegebenen Übungsaufgaben zugunsten der Freien Arbeit. Die Materialien stehen den SchülerInnen natürlich weiter zur Verfügung.

Kritische Benutzung der von Verlagen erstellten Materialien.

5. Schuljahr, Gesamtschule, 1989/90

KLASSENARBEITSPLAN	

Bereiche	Aufgaben	bis wann ?	wer?	erledigt
Übungsaufgaben	*siehe Übungsaufgaben*			
Freie Texte				
Lesen				
Deutsch				
Vokabeln				
Englisch workbook Mentor				
Mathematik				
Kunst				
GL				
Bio				
WL/TW				
Musik				
Religion				
Lernen außerhalb der Schule				
Experimente				
Projektaufträge				
Vorträge, Dokumentation, Präsentation				
Hilfe/Helfen				
Probleme				
Material				
Korrespondenz				
Unternehmungen				
Feiern				
Schülerzeitung				
Klassenraumeinrichtung				
Ämter, Dienste, Aufträge				

SCHÜLERARBEITSPLAN

	Was mache ich diese Woche?	Wann:	Mo	Die	Mi	Do	Frei	fertig
Deutsch								
Englisch	*Vokabeln lernen*							
Mathematik								
Bio								
GL								
	Übungsaufgaben							

ÜBUNGSAUFGABEN

- ein Übungsdiktat
- Rechtschreibübungen
- Grammatikübungen
- Sprachübungen

- Übungsaufgaben Mathematik
- Mathespiele

- begleitende Englischübungen
- Englisches Spiel

- einige GL-Arbeitsblätter

- Biologie-Arbeitsblätter

- ein künstlerischer Auftrag

KONTROLLBLATT
zu Übungsaufgaben

Seite	Aufgabe	Schüler: erledigt	Kontrolle Lehrer	Anmerkung	Eltern

Mir gefiel besonders gut:	Mir gefiel nicht:
Mir fiel schwer:	**Ganz leicht war:**

III. Grundschule, 2. Schuljahr
Ateliers, Arbeitsmöglichkeiten

FREIE TEXTE	ABSCHREIBEN	KORRESPONDENZ
THEMENHEFT	DRUCKEN	LIMOGRAPH
SCHREIB LOS	BILDERGESCHICHTEN	PARTNERDIKTAT
MATHEBUCH	MATHEARBEITSHEFT	MATHEARBEITSBLÄTTER
RECHENFIX	QUADRATE	1 × 1
MALEN	STEMPELN	BASTELN
LESEN	LESEN u. VERSTEHEN	MATERIALDRUCK
REGENBOGENBÜCHER	LESEKARTEI	EXPERIMENTE
FINGERLESEBOX	ENTDECKERBUCH	THEATER
BLINDENSCHRIFT	CHOR	PUPPENTHEATER
GEOBRETT	PLAKATDRUCK	FLITSCH-SPIEL
BILDERSCHRIFT	KUNSTKARTEI	BALLEN
4 gewinnt - KOFFER	SPIEGEL	NATUR BEOBACHTEN
SACHBÜCHER	SAMMLUNG	SPIELE
KNIPSDIKTAT	SCHREIBMASCHINE	

Dieser Wochenplan gehört

Montag, den

Dienstag, den

Mittwoch, den

Donnerstag, den

Freitag, den

Im Kreis ich erzähle ich höre zu

ich helfe

ich räume auf

bei der Arbeit ruhig sorgfältig

ich achte auf meine Sachen

ich tue meine Dienste

ich erledige meine Grundaufgaben

ich fülle meinen Wochenplan aus

Walter Hövel
Freinet-Pädagogik

Das Kind ist kompetent und daher lernbegierig.
Es ist kein defizitäres, zu belehrendes Objekt.

Die Lehrerin ist nicht mehr diejenige, die alles bestimmt.
Die Lehrerin ist nicht mehr diejenige, die nie eingreift.
Sie berät und würdigt die Arbeit.

Die Schule ist der Ausgangsort des selbstorganisierten kooperativen Lernens an der Wirklichkeit.
Das Lernen ist freies Arbeiten. Es ist selbstbestimmt und selbstorganisiert.
Es ist interessenbezogen. Ziel und Prinzip ist die nichtentfremdete Arbeit, also kann sie nur erfahrungsbezogen sein.
Erfahrung sammelt der Mensch mit allen Sinnen, also ganzheitlich. Lernen ist ein kooperativer Vorgang, nicht im Sinne einer Unterordnung, sondern als ein Arbeits- und Lernvorgang, in dem jeder Mensch seinen Lernstil und Arbeitsrhythmus findet.
Lernen ist ein kooperativer Vorgang, nicht im Sinne der Begrenzung durch die Gruppe, sondern als offener Prozeß der Potenzierung der Erfahrungen und der Erkenntnisse.
Das Lernen ist experimentierend, tastend, praktisch, sinnlich, expressiv, schöpferisch, kreativ und (im holistischen Sinne) wissenschaftlich.

Die Lehrer sind Erzieher, nicht im Sinne eines Leiters oder geschickten Manipulateurs, sondern als Menschen, die ihre institutionelle Macht abgeben. Sie unterstützen die demokratische Selbstorganisation der Klassenkooperative. Erziehung wird zur Beziehung. LehrerInnen lernen für sich selbst verantwortlich zu sein, sie lassen den Kindern ihre Sebstverantwortlichkeit.

Freinet-Pädagogik ist eine politische Pädagogik. Sie stellt sich in voller Verantwortung der Institution Schule und der gesamten gesellschaftlichen Wirklichkeit. Sie achtet die Würde des Menschen, sie achtet die Arbeit der Menschen, sie wendet sich gegen jede Form der Unterdrückung, Ausbeutung, Diskriminierung und Zerstörung der Welt.

Freinet-Pädagogik ist nie abstrakt, sie ist eine praktische Methode, die vom Leben der Lernenden und ihren Problemen ausgeht. Sie versucht ihnen Mut zur Neugier, zum Austausch, zur Kommunikation, zum Selbstbewußtsein, zur Vorsicht, zur Feinfühligkeit und zur Liebe zu geben.

Freinet-Pädagogik kümmert sich um die Probleme der Opfer, der Erniedrigten und Beleidigten besonders. Dies gilt für Behinderte, Gestörte, Ausländer und Mißhandelte, aber auch für die Opfer der Medien, familiärer Zerrüttung, der Umweltzerstörung und Zukunftsangst.

Freinet-Pädagogik wartet nicht auf Reform von oben. Sie beginnt hier und jetzt. So hat die Freinet-Pädagogik auch keine Rezeptur, keinen vorgeschriebenen Weg. Sie beginnt mit der Einstellung der Lehrerpersönlichkeit. Die Lehrer organisieren und animieren Lernprozesse, die die Lernenden selbst mit Leben füllen, auch wenn sie Umwege gehen. Sie müssen zulassen können, Geduld üben. Sie lernen, mit der Klasse das Lernen gemeinsam zu planen, durchzuführen und zu analysieren. Sie brauchen Mut.

Ein Freinet-Pädagoge ist neugierig, bereit, die eigene Phantasie zuzulassen und zu entwickeln. Der freie Ausdruck kann sich bei den Kindern nur entwickeln, wenn die Lehrer selbst in der Lage sind, einen freien, persönlichen Text zu verfassen.
Den Pädagogen wird ein breites Feld von Ausdrucksmöglichkeiten nirgendwo beigebracht, wenn sie nicht voneinander lernen, in der Kooperation mit anderen KollegInnen. Von einander lernen heißt dann aber auch, selber erproben und erfahren.

Eine der wichtigsten Fähigkeiten, ist die Fähigkeit sich selbst zu verändern.
Auf diesem Weg können viele Techniken, Materialien und Ausdrucksmittel kennengelernt werden und helfen. Viele Dinge werden von der Freinet-Pädagogik selbst angeboten, viele kommen aus anderen reformpädagogischen oder anderen Bereichen. Ihre "Brauchbarkeit" hängt immer von der Situation der Klasse, als auch vom eigenen (!) Erproben ab.

Freinet-Pädagogik kann den Kindern nicht vorschreiben, was sie tun oder lernen können, wie sie sich möglichst kreativ oder phantasievoll verhalten sollen. Jeder an einem Lernprozeß Beteiligte kann zu seinem eigenen, persönlichen Ausdruck und zu seinem Recht kommen, und zwar auf seine je eigentümliche, persönliche Weise.

Freinet-Pädagogik schreibt den Kindern vor, ihr eigenes Lernen in Kooperation, gegenseitiger Verantwortung und Verbindlichkeit zu gestalten.

Der Klassenrat als Ort der Planung, Würdigung und Vorstellung der Arbeit ist das Kernstück der Klassenkooperative.

Herbert Hagstedt
Schüler können machen, was ihre Lehrer wollen

Wochenplanerei: Zur späten Karriere eines betagten didaktischen Themas

Seit einigen Jahren geistert eine alte didaktische Zauberformel durch Schulämter und Lehrerzimmer, dringt in aktuelle Stundenpläne und Richtlinien ein, rettet pädagogische Konferenzen und Elternabende: **Wochenplanung.**

Wo immer heute - vor allem an Grundschulen - über innere Differenzierung, freie Arbeit und offenere Lernformen nachgedacht wird, kommt fast zwangsläufig auch die Idee des Wochenplans ins Spiel.

Propagiert wird er mit dem Anspruch, den Unterricht mehr und mehr von einer Didaktik der Lernbefehle freizumachen, ihn zu öffnen durch eine "Didaktik der Lerngelegenheiten" *(Huschke 1976)*. Wochenplan-Unterricht - das steht für Innovationsbereitschaft und eine besondere pädagogische Profilierung.

Die in der Praxis kreierten Wochenplantypen allerdings fallen so unterschiedlich aus wie die Unterrichtsstile ihrer Schöpfer.

Gleichwohl läßt sich ein Grundmuster beschreiben, an das sich die meisten Wochenplaner anlehnen. Danach erhalten alle Schüler und Schülerinnen zu Beginn eines festgelegten Zeitraumes (in der Regel zu Wochenanfang) einen schriftlichen Plan, für den aus dem laufenden Unterricht heraus Aufgaben - mit Vorliebe aus dem Übungsbereich - abgezweigt werden. In den dafür vorgesehenen Unterrichtsstunden (z.B. eine Stunde pro Tag) arbeiten die Kinder an diesem Plan mit Hilfe von Arbeitsmitteln und beigefügten Materialhinweisen. Nach der Bearbeitung der einzelnen Aufgaben, deren Reihenfolge vom Kind festgelegt wird, können diese selbst kontrolliert und auf dem Plan abgehakt werden. So unscheinbar diese Art der Unterrichtsorganisation auch aussehen mag - die Erwartungen der Wochenplaner/innen sind hochgesteckt:

- Durch die Gelegenheit zur freien Zeiteinteilung finden die Schülerinnen und Schüler leichter ihren individuellen Arbeitsrhythmus. Sie können sich genau die Lernzeit nehmen, die sie für die Aufgabenbearbeitung brauchen und lernen so, ihren Arbeitsprozeß selbst zu organisieren.

- Dank der Transparenz der Unterrichtsplanung können sich die Kinder besser auf Anforderungen und Aufgaben der Woche einstellen. Die frühzeitige Offenlegung des Plans ermöglicht ihnen, die Unterrichtsvorbereitung inhaltlich ein Stück weit mitzutragen.

- Durch die Delegierung von Verantwortung wird das Vertrauensverhältnis zwischen Kindern und Lehrkräften gestützt. In der vertragsähnlichen Situation sind die Lernenden von den Lehrenden herausgefordert, sich die zugestandenen Freiräume sinnvoll anzueignen.

Reformwind von oben

Wer möchte sich bei solchen Aussichten der Wochenplanung verschließen? Geschürt werden die Erwartungen noch zusätzlich durch ein Junktim, das zwischen Wochenplanarbeit und freier Arbeit aufgestellt wurde. Das Thema machte zunächst bei Schulämtern und in Ministerien Karriere. Flammende Reden auf Grundschultagen für Wochenplan und Freiarbeit bereiten vor auf neue Lehrplanpassagen. Ganze Buchreihen für Wochenplaner und Freiarbeiter wurden auf den Markt geworfen, um Lehrer und Lehrerinnen anzufeuern *(Sennlaub 1983, Sennlaub 1984 ff.)*.

Einmal im Wochenplan-Fieber, wurden die Plädoyers gespickt mit der Versicherung, der Wochenplan sei nicht nur - "im Rahmen einer bewußtgewollten Entwicklung", versteht sich - "für Schüler und Lehrer ‚erlernbar'", er könne sich auch selbst übertreffen: "Er kann -...- und dies macht ihn in der Praxis so wertvoll - auch ‚Vehiculum' auf dem Weg zur freien Arbeit sein" *(Hufen 1985)*.

Gleichzeitig machte das Wochenplan-Thema auch Karriere bei der Lehrmittelindustrie. Auf der letzten didacta konnte niemand mehr daran vorbeigehen. Fast jede neue Materialentwicklung für differenzierenden Unterricht wird mit einem Hinweis auf Wochenplanverträglichkeit angepriesen. Das gilt durchgängig für alle Lernbereiche.

Wie tönt es da beim Mathemax: "Wochenplanunterricht wird durch den klaren Aufbau des Werkes erleichtert". Klar, daß auch der neue Klassenkasten "Sachunterricht" während der Freiarbeit und "im Wochenplanunterricht gut verwendbar" für die Kinder ist. Jürgen Reichen, als Schweizer weniger vertraut mit der Wochenplan-Euphorie bei uns, schrieb eine Handreichung für Lehrkräfte aller Stufen mit dem zugegeben bescheidenen Titel "Hinweise zum Werkstattunterricht". Und obwohl in dem ganzen Leitfaden der Begriff Wochenplan - Reichen sei Dank - nicht ein einziges Mal auftaucht, konnte es sich der Verlag nicht verkneifen, gerade damit zu werben.

Nach dem Motto "wenigstens auf der Titelseite" erhielt das Bändchen einen Alternativtitel nach Rezeptmanier: "Wie man offenen Unterricht und Wochenplanarbeit durchführt" *(Reichen 1986)*.

Wochenplan als didaktisches Allheilmittel?

Schon sind die ersten Schulen aus der Probierphase heraus getreten. Ich blättere in einem Elterninfo: "In den vergangenen drei Jahren versuchten wir in einigen Klassen Ideen von der Reformpädagogik umzusetzen. Das begann mit dem stärkeren Einsatz von Arbeitsmitteln zu Einzel-, Partner- und Gruppenarbeit. Später leiteten wir die Schülerinnen und Schüler dazu an, mit Hilfe von Tages- und Wochenplänen sich ihre Arbeit und bestimmte Übungsformen selbst einzuteilen. Schließlich konnten wir in einer Klasse dazu übergehen, die Wochenarbeitspläne, Arbeitsmittel und Ideen für Ausarbeitung und Gestaltung weitgehend von den Schülern bestimmen und vorschlagen zu lassen. Die Motivation zur Arbeit wuchs mit der Selbständigkeit."

Die hier von Kollegen der Marburger Otto-Ubbelohde-Schule beschriebene Entwicklung ist typisch für das Vertrauen, das dem Wochenplan entgegengebracht wird. Er wird zum organisierenden Zentrum der Unterrichtsarbeit, gilt als Movens für die Abkehr vom herkömmlichen pädagogisch-didaktischen Konzept. Ja, der Wochenplanarbeit wird gleichsam eine Schlüsselposition auf dem Weg zur Perestrojka der ganzen Schule zugewiesen.

Wie an dieser sechsjährigen Modell-Grundschule wurde auch andernorts voll auf Wochenplan umgestellt. Weit und breit finde ich in der Grundschullandschaft kein Unterrichtsreformkonzept mehr, das eine ähnliche Anziehungskraft - besonders für die Klassenleitung - besitzt.

Ob es um den verstärkten Einsatz von Arbeitskarteien oder um den Aufbau von Helfersystemen in der Klasse geht, um die Gestaltung von Lernecken und Arbeitsateliers oder um die Entlastung der Hausaufgaben von Übungsanteilen. All diese und ähnliche Einzelmaßnahmen, die heute unter den verbliebenen Schulreformen diskutiert werden, sollen in dem übergreifenden Konzept des Wochenplans einen Platz finden. Haben wir endlich ein didaktisches Allheilmittel gefunden, das aus den vereinzelten Reformpflänzchen Kraft zu ziehen verspricht? Oder ist es doch wieder nur ein Tranquilizer, der unseren heimlichen Wünschen nach einem Planfix-Differix-Tunix-Unterricht vorübergehend entgegenkommt?

Schon vom Marburger Grundschulprojekt in den 70er Jahren erwartungsfroh vorgestellt als "Konzept einer Unterrichtsorganisation, die Schülern selbständiges Lernen und Mitgestaltung des Unterrichts ermöglichen soll" (Huschke 1976), genießt Wochenplan-Unterricht jeder Couleur mittlerweile einen legendären, meist reformpädagogisch begründeten Ruf - nicht nur bei den lauten Reformern. Mit Tages- oder Wochenplan scheint jeder Schulalltag seine Traurigkeit zu verlieren.

Selbst aus dem schlichtesten Arbeitsblatt mit Pensenliste und Kontrollspalte sollen noch Reformfunken schlagen.

Begründungsanleihen bei Reformpädagogen

Zurückgeführt wird die Idee des Wochenplans auf diverse Modelle aus dem 1. Drittel unseres Jahrhunderts, die momentan eine Renaissance erleben. Jede Schule, die heute zur Begründung des eigenen Programms "ihren" Reformpädagogen hat, kann bei ihm schon nach kurzer Suche historische Wurzeln der Wochenplanerei ausgraben. Manche Wiederentdecker des Kleinen Jenaplans berufen sich dabei vorschnell auf den "Wochenarbeitsplan", die Alternative zum Fetzenstundenplan.

Aber wer bei Peter Petersen aus konzeptioneller Not nach Wochenplanprinzipien sucht, wird nicht hier fündig, sondern erst im "Großen" Jenaplan, der deutlich macht, worauf es ihm ankommt:

- "die Schüler...bei der Planlegung der Arbeit...mit aussuchen und entscheiden zu lassen...nicht im Sinne irgendwelcher Abstimmungsverfahren, sondern so, daß vom Führer die beste Meinung, der beste Vorschlag aufgegriffen und dann ausgeführt wird..."

- "den Willen der Schüler einzuspannen. Sie sollen beileibe nicht tun, was sie wollen, aber wir möchten, daß sie wollen, was sie tun!" *(Peter Petersen 1934, S. 80f.).*

Die Katze ist aus dem Sack! Hatte nicht schon Dietmar Müller in einem der ersten Hefte von "Fragen und Versuche", der Zeitung der Freinet-Pädagogik-Kooperativen, gerade an diesem Punkt seine Fragezeichen gesetzt? Er empfand es als pervers, den Schüler Nichtgewolltes organisieren zu lassen: "Tendiert dieses ganze Wochenplanen nicht dazu, die Schüler zum Organisieren fremdbestimmten Lernens zu drängen und den Charakter der Fremdbestimmung zu verschleiern?...Ich sehe die Gefahr, daß man ihm und er sich selbst vorgaukelt, er wolle dies eigentlich ja selbst" *(Müller 1979).*

Solch ketzerische Anmerkungen eines noch suchenden Wochenplanlehrers verwiesen uns auf das Konzept des "Plan de travail", jenes doppelschrittigen Wochenplans, wie er von Célestin Freinet entwickelt wurde. Dieses Konzept kennt zwei aufeinander bezogene Planungsphasen:

Gegen Ende jeder Arbeitswoche tagt ein Klassenrat, der über Aufgaben und Themen für die kommende Woche berät: Welche Arbeiten sind noch nicht abgeschlossen? Was soll neu projektiert werden? Welche lehrplanbezogenen Pflichtaufgaben stehen an? Das beschlossene Wochenprogramm wird - meist von der Lehrerin oder dem Lehrer - protokollartig festgehalten. Ein Klassen-Arbeitsplan ("plan collective") wird aufgestellt.

Unter Berücksichtigung dieser gemeinsamen Absprachen führen alle Schülerinnen und Schüler für sich einen persönlichen Arbeitsplan ("plan individuelle"), den sie dann zu Beginn jeder Woche - teils nach Rücksprachen, teils ohne Lehrerempfehlung - selbst aufstellen. Hier tragen sie ein, welche Arbeiten sie sich für welche Tage vornehmen, welche Untersuchungen sie in der Woche durchführen wollen, an welchem Buch sie gerade lesen, welche Übungslücken sie schließen wollen, zu welchem Thema sie einen Vortrag vorbereiten wollen usw. *(Baillet 1983).*

Wochenplan ohne Schülerprofil?

Doch an solcher doppelschrittigen Arbeitsplanung ist die heutige Wochenplan-Praxis vorbeigelaufen. Stattdessen wird vielerorts ein Wochenplan-Typ bevorzugt, der ohne gemeinsame Aufgabenfindung und ohne individuellen Zuschnitt auskommt: ein einheitlicher Arbeitsplan, für die ganze Klasse am Schreibtisch erstellt, der - vor allem im Übungsbereich verpflichtend - die Aufgaben der Woche auflistet.

Freilich, dieser Wochenplan für alle ist zweifellos nicht zu unterschätzen, gerade weil er ein Lehrerplan ist. Den Schülerinnen und Schülern verschafft er

- einen Überblick über das Pflicht-Pensum. Alle Lehrererwartungen sind offengelegt. Die für die Woche gefundenen Aufgaben liegen schriftlich vor. So verplant können die Schüler/innen machen, was ihre Lehrer/innen wollen;

- einen Überblick über die benötigten Arbeitsmittel. Der Wochenplan verteilt Karteikarten der verschiedenen Kästen und Systeme. Er bringt Licht in den Arbeitsblätter-Dschungel. Die Kinder werden sicher durch ihre Schulbücher geführt. Sie lernen "die vom Lehrer in die Arbeitsmittel versenkten Befehle gehorsamst" *(Petersen 1963 (7), S. 196)* auszuführen.

Den Lehrerinnen und Lehrern verschafft er
- eine organisatorische Klammer für eine Vielzahl von Aktivitäten, die gleichzeitig und weitgehend kontrolliert ablaufen können ("classroom-management"). Der Wochenplan unterstützt eine Klassenführung, die Strukturen in den Arbeitsablauf bringt und doch zugleich Handlungsspielräume sichert: Freiarbeit für Lehrerinnen und Lehrer;

- ein gutes Gewissen vor sich selbst als Unterrichtsbeauftragten, gegenüber Eltern und Schulaufsicht einen Leistungsvorweis. Die wöchentlichen Übungslisten geben ausreichend Sicherheit und Legitimationshilfen. Mancherorts lassen Lehrerinnen und Lehrer die Lernverträge gar von Schülern und Eltern unterschreiben.

Der Wochenplan darf nicht vordergründig nur als Orientierungshilfe für Schüler/innen verstanden werden. Er bietet reformfreudigen Lehrkräften ein Management-Konzept für den Übergang, mit dem ein beruhigendes Gegengewicht zu noch offeneren Lernsituationen gesetzt wird, für deren Erweiterung die Voraussetzungen bei Kindern, Eltern, Kollegen/innen erst in kleinen Schritten geschaffen werden können.

Wo er noch als Einheitsplan "stellvertretend" für alle Lernenden erstellt wird, kann er überaus lehrergerechtes, gut handhabbares Steuerungs- und Kontrollinstrument in den Anfängen binnendifferenzierter Arbeit werden. In späteren Stadien wird er daraufhin zu überprüfen sein, ob er zum Nebelwerfer eines am Herrschaftsinteresse klebenden Unterrichts degeneriert. Denn wollte der Wochenplan nicht auch die Planungskompetenz der Kinder erweitern, Selbsttätigkeit und Verantwortlichkeit für den eigenen Lernprozeß stärken, Vorreiter der freien Arbeit sein?

Viele Schülerinnen und Schüler haben begriffen, daß Wochenplanarbeit gerade nicht als "Arbeit frei vom Lehrer" organisiert werden kann. Die ihnen überlassene Zeiteinteilung allein macht noch keine "freie" Arbeit. Ich plädiere deshalb dafür, das Konzept der freien Arbeit ganz von der Wochenplanerei zu lösen. Die Kinder durchschauen die Wochenplan-Freiheiten ohnehin schnell. Ein zehnjähriges Mädchen beschreibt das Verhältnis nüchtern so: "Ich beeile mich immer mit dem Wochenplan, damit ich freie Arbeit machen kann". Der Knackpunkt beim Wochenplanen ist die Aufgabenfindung: Wie kommen die Aufgaben zustande und welche Aufgabentypen überwiegen im Plan? Wenn Aufgaben - auch und gerade Übungsaufgaben - nach dem Prinzip des didaktischen Überangebots in den Plan kämen wie auf einem freien Unterrichtsmarkt, den Angebot und Nachfrage regeln, könnten sie auch mal abgewählt werden (Steinmann-Lutz 1984).

Noch aber gibt's vielerorts Übungseintopf nach Plan. Erst wenn die Aufgabenfindung auf eine andere Basis gestellt würde, könnte der Wochenplan ein Schülerprofil bekommen. Denn darum geht es: Der Wochenplan müßte das einzelne Kind mehr zu Wort kommen lassen. Dort, wo Lernende zunehmend an der Aufgabenfindung beteiligt werden, von der Vorbesprechung im Klassenrat bis zur Ausfüllung von Blankokarteikarten, lernen sie auch, ihren Unterricht selbst zu differenzieren.

Dieser Artikel erschien zuerst in päd extra, Oktober 1987

Wochenplan
für die Zeit vom 11.2. - 16.2.1987

Name:	erledigt am:	Kontrolle
Puzzle-Brief! Schneide die Puzzle-Teile aus und setze sie so zusammen, daß du den Brief lesen kannst! Klebe das Puzzle auf ein Blatt!		
Mathematik - Arbeitsblatt, Nr. 1, 2 und 3		
Gelenke: An den Materialtischen findest du Anleitungen für einige Versuche. Führe sie zusammen mit einem Partner durch! Notiert die Ergebnisse dann auf dem Arbeitsblatt! (Aufgabe 3)		
Wörterbuch, S. 63, Nr. 12 Schreibe alle Wörter mit der richtigen Seitenzahl ins Heft!		
- Arbeitsblatt Gelenke, Aufgabe 2		
- Mathematik - Arbeitsblatt, Nr. 7		
- Schreibe selbst einen Puzzle-Brief an deine Mitschüler!		

aus: Fragen und Versuche Nr. 41, Okt. 87

Rolf Wagner

Tagesplan - Wochenplan
Freie Arbeit

In letzter Zeit wird in verschiedenen pädagogischen Zeitschriften über "Tagesplanunterricht", "Wochenplanunterricht", "Freie Arbeit" vermehrt diskutiert.

Dabei werden die Begriffe häufig verwechselt oder vermengt. Tätigkeiten, die ehrlicher als "Stillarbeit", "Übungszeit", oder ähnliches bezeichnet würden, bekommen den Namen "Freiarbeit" oder "Wochenplan".

Es ist wichtig, zu erkennen, daß es sich um unterschiedliche Dinge handelt. Diese sollten ganz klar voneinander abgegrenzt werden.

Nach meiner Erfahrung sind Organisationsformen wie "Tagesplan-" oder "Wochenplanunterricht", ebenso wie die Arbeitsmittel der Lern- oder Übungskarteikarten, Krücken, die der Lehrerin oder dem Lehrer helfen sollen, gemeinsam mit den Kindern den Weg zur "Freien Arbeit" zu beschreiten.

Für mich ist also die "Freie Arbeit " das Ziel, "Tagesplan-" und "Wochenplanunterricht" sind Hilfen, dieses Ziel zu erreichen.

Tagesplan

Zum Tagesplanunterricht gehört unbedingt zu Unterrichtsbeginn das gemeinsame Gespräch, das im Morgenkreis stattfinden kann.

Die Kinder legen gemeinsam mit der Lehrerin oder dem Lehrer fest, welche Aktivitäten in welcher Reihenfolge am Tag möglich sind. Das kann z. B. auch so aussehen, daß eine Lesestunde vorgesehen ist, in der jeder seinen Lesestoff selbst auswählt, eine Schreibstunde mit vielfältigen Angeboten und eine lehrerzentrierte Mathematikstunde geplant werden.

Das hat den Vorteil, daß sich der jeweilige Tag besser überschauen läßt, und zwar von den Kindern und von den Lehrern, und daß eine langsame Umstellung vom lehrerzentrierten Unterricht auf schülergeplanten Unterricht geschieht.

So ist, je nach Stundenplan und Mitarbeit von Fachlehrern im Unterricht, auch eine Beschränkung auf ein oder zwei Fächer möglich.

Die Lehrerin oder der Lehrer kann sich entscheiden, in welchem Bereich sie oder er sich sicher genug fühlt, um dort die Planung in die Hand der Kinder zu geben, oder in welchem Bereich sie oder er den Kindern am ehesten selbständige, kreativere Arbeiten zutraut.

Dabei können reine Übungsaufgaben, aber gleichzeitig auch alle Arten offener Aufgabenstellungen möglich sein. Die Gefahr der Überbetonung des Ausfüllens von Arbeitsbögen ist auch hier gegeben, zumal manchen Kindern das Konsumieren bekannter Aufgaben zunächst leichter fällt, als das selbstverantwortliche Lernen.

Aber es gibt sicherlich in jeder Klasse einige Kinder, die dies vorbildlich vorführen können und aufblühen, sobald sie sich eigene Lernwege suchen können. Ihre Arbeiten sollten im Kreis vorgestellt werden.

Die Umstellung in einem kleinen Bereich des Unterrichts ermöglicht es den Kindern, langsam selbständig zu werden. Die Lehrerin oder der Lehrer wird die Vorteile dieses Lernens selbst erkennen und den Kindern eine entsprechende Rückmeldung geben.

Andererseits bringt die Fächertrennung auch wieder den Nachteil, daß ein ganzheitlicheres Lernen verhindert wird.

Wochenplan

Häufig wird der Wochenplanunterricht so gestaltet, daß die Kinder für den Zeitraum einer Woche einen Arbeitsplan erhalten.

Dieser Arbeitsplan gilt nur für einige Stunden pro Woche. Er umfaßt vor allem Übungsaufgaben in Mathematik und Deutsch.

Diese Organisationsform hat den Vorteil, daß die Kinder sich zu einem bestimmten Zeitpunkt selbständig zwischen bestimmten, von der Lehrerin oder dem Lehrer vorgegebenen Aufgaben entscheiden können. Sie bestimmen ihr Lerntempo und die Reihenfolge der Aufgaben selbst, müssen aber alle Aufgaben bearbeiten.

Für die schnell arbeitenden Schüler sind dann häufig noch Zusatzangebote auf dem Plan aufgeführt. Oft wird auf einem solchen Arbeitsplan unterschieden zwischen einem Pflichtteil und einem "freiwilligen" Teil.

Durch diese Art des Wochenplanunterrichts findet eine Trennung von Arbeit und Spiel statt, die dem kindlichen Lernen nicht angemessen ist. Denn eventuell lernen die Kinder sehr viel mehr über Schrift und Schreiben, wenn sie "freie Texte" verfassen, als wenn sie relativ vorschriftsmäßig eine Serie von Arbeitsbögen bearbeiten. Und doch bewerten viele Kinder und Lehrerinnen und Lehrer die Arbeiten, die lustbetonter erscheinen, eher wie ein schmückendes, motivierendes Beiwerk, wie ein "Spiel", während das mühselige schrittchenweise Üben immer als "richtige Arbeit" betrachtet wird.

Bei dem Arbeitsplan handelt es sich häufig um ein reines Übungsprogramm mit einigen Übungsstunden pro Woche. Um von diesem für alle Kinder gleichen Übungsplan wegzukommen, besteht u.a. die Möglichkeit, daß die Lehrerin oder der Lehrer klare Übungsziele setzt, aber einige mögliche Wege dorthin mit den Kindern erarbeitet.

Dazu gehört dann unbedingt geeignetes binnendifferenziertes und selbständig zu benutzendes Übungsmaterial (z. B. verschiedene Arten von Karteien mit Selbstkontrolle, Lernspiele, Leistenspiele, Diktattaschen, Lese- und Diktatdosen u.v.a.m.). Voraussetzung für diese Art der Arbeit ist, daß die Kinder Arbeitsformen wie Partnerarbeit und Selbstkontrolle, Ankreuzen in Listen usw. kennengelernt haben.

Dadurch hat die Lehrerin oder der Lehrer mehr Zeit für stärkere persönliche Beratung der Kinder, die beim Üben besondere Probleme haben.

Eventuell kann der Lehrer oder die Lehrerin zusammen mit ihnen einmal pro Woche einen speziellen, individuellen Plan aufstellen. Viele Kolleginnen und Kollegen machen sich die Arbeit, für alle Kinder einen individuellen Arbeitsplan zu erstellen.

Dies geschieht einmal durch einen weitgehend fertigen, verbindlichen Arbeitsplan, in dem verschiedene Übungsziele und oft auch die Arbeitsmittel festgelegt sind. Den Kindern bleibt dann noch die Entscheidung frei, wann sie welchen Übungsstoff bearbeiten.

Die Zuteilung über Arbeitsblätter in persönliche Ordner, Ablagen oder Mäppchen der Kinder ist eine andere Art des individuellen Übungsplans. Dabei besteht allerdings die Gefahr der reinen Arbeitsbogendidaktik (die Welt im DIN A 4-Format), den Kindern wird zu vieles zugeteilt, was sie selbst entscheiden können (z. B. Lesetexte, bestimmte Übungsformen in Mathematik und Rechtschreibung).

Verstärkt wird auch die Konsumhaltung der Kinder, indem ihnen die Entscheidung vom Erwachsenen wieder einmal abgenommen wird.

Eine solche Arbeitsweise stellt auch eine starke Arbeitsbelastung und langfristig eine Überforderung der Lehrerin oder des Lehrers dar.

Besser ist es, die Kinder anzuleiten, sich selbst ihr Wochenprogramm zusammenzustellen. Voraussetzung ist auch hier, daß die Kinder die Arbeitsmaterialien kennengelernt haben und selbständig arbeiten können.

Als Zwischenschritt ist vorstellbar, daß die Lehrerin oder der Lehrer den Kindern nach ihren individuellen Fähigkeiten offenere Aufgaben in die "Mäppchen" legen (z. B. schreibe eine Geschichte, lies ein Buch , mache einen Versuch mit Glühlampen usw.).

Problematisch ist bei allen bisher dargestellten Organisationsformen die Kontrolle durch die Lehrerin oder den Lehrer. Einmal die Kontrolle, ob alle Kinder die vorgegebenen Übungsaufgaben gemacht haben und ob die Aufgaben richtig gelöst wurden, dann die Kontrolle, ob die Kinder entsprechend der jeweiligen Vereinbarung ihren Wochenübungsplan sorgfältig und ausreichend ausgefüllt haben.

Freie Arbeit

Wenn die Kinder, egal über welche "Krücke", gelernt haben, selbständig zu arbeiten, wenn sie erfahren haben, daß sie ihre Ideen und Arbeitsprojekte in die Planung des gesamten Unterrichts einbringen können, äußern sie häufig den Wunsch, dieses selbständige Arbeiten auch auf andere Fächer und größere Zeiträume auszudehnen.

An diesem Punkt hat der Wochenplan eine völlig neue Funktion bekommen: alle gemeinsam planen die Arbeit, setzen Schwerpunkte, treffen zeitliche Absprachen. Die offenen Aufgabenstellungen werden formuliert und dienen dann einzelnen Kindern als Anleitung zur individuellen Zeiteinteilung.

Von Zeit zu Zeit zieht man im Kreis oder in der Kleingruppe Bilanz, oder die Ergebnisse der Arbeit werden zu einem vorher gemeinsam festgelegten Termin allen Kindern vorgestellt (z. B. in Form von Ausstellungen, Plakaten, jeder möglichen Art von Texten, Experimenten, Theaterstücken, Hörspielen, Plan- oder Rollenspielen, gebauten Modellen, Reportagen und Interviews, Bildern, Tänzen usw.) und dienen wiederum anderen Kindern als Anregung.

Zur Orientierung (oder auch zur Kontrolle) können jetzt leere Wochenplanformulare dienen, in die die Kinder ihre individuellen Pläne schreiben oder nachträglich festhalten, was sie gerade gearbeitet haben.
Oder sie bekommen Wochenplanformulare, die alle Aufgaben aufführen und die jedes Kind zum Ankreuzen in die Hand bekommt.
Oder sie erstellen gemeinsam Pläne, die für den Tag oder die Woche oder einen größeren Zeitraum dienen und die groß an der Wand hängen.
Oder...?!

Wochenplanzeit !

Der Wochenplan ist ein ganz normales Blatt. Wir kriegen jede Woche einen neuen Wochenplan, den müssen wir dann machen, zum Beispiel müssen wir LüK oder CYK oder noch anderes machen. Uns gefällt der Wochenplan sehr gut. Manche Kinder sind schon nach zwei Tagen fertig, andere erst am Freitag.

Erika und Stefan Steube

Lesen :	Mo	Di	Mi	Do	Fr
Rechenkartei 85					
CYK					
Schreibe einen Text					
Gruppenarbeit					
Schreibmaschine					
ABC Wörter abschreiben					
Schwimmen haben 1 und 2					

Rheinischer Merkur / Christ und Welt   Nr. 37, 11. September 1987, Seite 15, "Geistiges Leben"

Henning Günther
Arbeit soll Vergnügen sein:
Wie eine lautlose Revolution die bewährte
Unterrichtsschule gefährdet

Leben lernen in der Schmuseecke

Unsere Schulen kommen nicht zur Ruhe. Nachdem die 68er-Träume, die Klassenzimmer zu politisieren, weitgehend ausgeträumt sind, wollen alternative Pädagogen das Regiment am Pult übernehmen. An die Stelle der guten alten Chancengleichheit sind neue Schlagworte getreten: Freiarbeit zum Beispiel und Projektunterricht. Während in SPD-Ländern wie Hamburg, Bremen und Nordrhein-Westfalen die lautlose Revolution amtlich verordnet wird, operieren im konservativ geführten Süden die Reformisten von der sogenannten Basis aus. Schon wieder soll die Unterrichtsschule von Ideologen abgeschafft werden, diesmal im Namen des freien Individuums.

Politisch passen die Reformen nicht sofort in das Links-Rechts-Schema der Pädagogik der 70er Jahre. Die Reaktionen der politischen Mitte reichen deshalb von Zustimmung bis Ablehnung. Freiarbeit und Projektunterricht bedeuten eine Akzentverschiebung in der Zielsetzung der Schule.

"In der Freiarbeit tun die Schüler, was sie wollen. Selbständigkeit ist der Leitbegriff."

-Der Begriff der Arbeit wird in Richtung sozialer Kommunikation verschoben. Arbeit ist eine echte Partnerschaft, sie kann Patenschaft eines Schülers für einen anderen sein. Die Ergebnisse sollen auf Gruppenprozesse bezogen werden. Der Arbeitsvorgang selbst ist bevorzugt eine Kommunikation: also Diskussion, Gespräch, Befragung, Sprechen. Auf die Weise kommt in der Schule an, was die therapeutisch-gruppendynamische Szene seit mehr als einem Jahrzehnt macht. Arbeit bedeutet "an sich arbeiten", Beziehungsarbeit.

-Der Akzent wird vom systematischen Lernen zum Spiel verschoben. Am besten lernt man spielerisch und nebenher. Die Freiarbeit erzwingt deshalb eine Umgestaltung des Klassenraums. Der Klassenraum soll viele Ecken enthalten, die zum spielerischen Lernen auffordern. Es gibt die Spielstraße, die Schminkecke, die Schmuseecke, die Wasserecke, die Verkleideecke, die Puppenspielecke, die gemütliche Ecke für den Rückzug, die Fächerecken

(Mathematikspiele, Buchstabenspiele und Druckerei, Erdkundeecke und so weiter).

-An die Stelle einer vom Lehrer geplanten und geordneten Arbeit soll die selbständig gewählte Tätigkeit treten. In der Freiarbeit tun die Kinder, was sie wollen. Selbständigkeit ist der Leitbegriff. Die Kinder sollen selbst ihr Lernen und Spielen planen und gestalten. Sie selbst sollen mitentscheiden über Arbeitszeit, Arbeitsinhalt, Arbeitstempo, Arbeitsmethode, erlaubte Hilfen und Arbeitserfolg. Der Lehrer, Meister oder Vorgesetzte wäre allenfalls Partner und Helfer, er ordnet nicht und teilt nicht ein. Die Lernplanung wird programmatisch unter den neuen Titel gesetzt: "Auf die Schüler abwälzen".

-Der Begriff der Routine wird abgewertet, der Begriff des Experiments wird aufgewertet. Es wird vermutet, daß die Schüler besonders gut lernen, wenn sie durch Experimentieren selbst herausfinden, welche Zusammenhänge lernwürdig sind. In der Freiarbeit handelt es sich eher um ein Experimentieren mit sich selbst, wieviel man denn nun eigentlich ohne routinierte, geplante Ordnung lernt. Im Projektunterricht wird alles zum Experiment. Routine wird als etwas Langweiliges und Lernstörendes angesehen.

-Der Begriff der Erkenntnis wird abgewertet, der Begriff der Handlung aufgewertet. Die in der Schule in der Form der Lehre gegebene Erkenntnis wird negativ als "bloßes Wissen", "leere Abstraktion", Pauken, Drill und Strangulierung ausgegeben. Erkenntnis als Lehre weiterzugeben, erscheint nun undemokratisch. Statt dessen soll alles, was die Schüler lernen, für sie einen Handlungsbezug haben. Es soll sich auf ihre Handlungsspielräume beziehen und in gemeinsame Handlungen in der Lebenswelt einmünden. Unterricht soll nicht in der Schule stattfinden, sondern bevorzugt auch in außerschulischen Orten. Das in der Schule Gelernte soll einen unmittelbaren Handlungsbezug haben, indem die Schüler ihre Ergebnisse aus der Schule hinaustragen und verändernd in die Gesellschaft wirken. Sie sollen sich nicht mit schulischem Bildungswissen beschäftigen, sondern in Projekten für die Umwelt bedeutsame Handlungen ausführen.

-Die bisherige Schule wird als Lernschule abgewertet, die neue Schule soll eine Lebensschule sein. Als Idealfall erscheint die ganztägige Gesamtschule. Aber auch in der Grundschule gilt, daß Feste und Feiern, sozialpädagogisches Kreisgespräch, Pflege des folkloristischen Brauchtums am Ort, Theater und Sport-Arbeitsgemeinschaften, die Schafzucht auf der Schulwiese, der Spinnraum, die Disko schon in der Mittagszeit in der Gesamtschule Leben in die Schule bringen sollen. Die Schüler kommen in die Schule, um dort zu leben und viel zu erleben. Leben lernen sei wichtiger als systematisch Stoff pauken. Dieses Leben soll unter der Leitformel "Soziale Koedukation" gerechtfertigt werden, was immer das auch bedeuten mag.

-Die Idee der Objektivität wird durch die Idee der Individualität abgelöst. Jedes Kind schafft sich durch den differenzierten Unterricht seine individuelle Schullaufbahn. In den Richtlinien heißt es, daß Kinder nicht zur gleichen Zeit Gleiches lernen können. Es müsse für jedes Kind individuell nach seinen Lebensumständen differenziert werden. So lernen Kinder Unterschiedliches zu unterschiedlichen Zeiten auf unterschiedlichen Wegen. Das ist auch der Grund, warum sich die Schulaufsicht mit vier Stunden Freiarbeit in der Woche nicht begnügen kann. Sie will mehr. Sie will die Abschaffung der alten Unterrichtsschule. Kinder sollen nicht miteinander verglichen werden, sondern in bezug auf ihren eigenen Lernstand und Lernzuwachs beurteilt und motiviert sein. Sie selbst sollen sich individuell die Schulzeit einteilen. Sie erhalten auch individuelle Hausaufgaben und individuelle Leistungsüberprüfungen. Diese Individualisierung in der Schule soll sich nicht nur auf das Lerntempo und den Schwierigkeitsgrad beziehen. Die Individualisierung muß alles berücksichtigen; die häusliche Situation des Kindes, seinen aktuellen Entwicklungsstand, seine bisherige Erziehung, seine Familienverhältnisse und so weiter. Das Schlagwort ist "Innere Differenzierung als Individualisierung". Es geht also nicht um Gruppenunterricht nach Neigung und Leistung, wie man noch vor zehn Jahren bei dem Stichwort Differenzierung glaubte. Mit der Freiarbeit wird, radikal durchgeführt, das Prinzip des gleichen Unterrichts für alle aufgegeben.

-Der Begriff der Pflicht wird abgewertet, der Begriff der Neigung wird aufgewertet. Besonders in der Grundschule, Gesamtschule und Hauptschule ist dieses Konzept bereits in den Richtlinien verankert.
Den Schülern soll nichts zugemutet werden, wozu sie nicht eine Neigung haben. Man muß immer an ihre Neigungen anknüpfen. Das ideale System sind eben Freiarbeit und Projektunterricht. Die Freiarbeit ist der Extremfall des individuellen Neigungshandelns. Zwar wird den durchführenden Lehrern etwas unheimlich bei ihrem eigenen Vorgehen. Deshalb wollen sie die Freiarbeit teilweise einschränken durch in einem Wochen- oder Jahresplan festgelegte verbindliche Aufgaben. Andere wollen eine Strichliste führen, welche Spiele oder Materialien das Kind in der Freiarbeit nimmt. Irgendwann wollen sie dann ermahnend und korrigierend und hinweisend eingreifen, um das Kind zu veranlassen, auch einmal nach etwas Mathematischem oder Grammatischem zu greifen. Es geht dem Lehrer aber dann vielleicht wie einem Seiltänzer, der ohne Seil von einem Kirchturm zum anderen balancieren soll. Denn die Freiarbeit begründenden Leitbegriffe werden derar-

tig heilsverkündend vorgebracht, daß man ja nun nicht ausgerechnet in der Freiarbeit die Neigungsfreiheit der Schüler einschränken kann.

-Die Schule soll nicht sein wie die sonstigen Umwelten, in denen wir leben. In den sonstigen Lebenswelten herrschen Widersprüchlichkeiten vor, es gibt Kräfte und Gegenkräfte, es gibt Mängel und Streit um knappe Güter und so weiter. Die Institutionen unserer Gesellschaft und unser ganzes soziales Leben ist durch die Vorsicht charakterisiert, in der wir immer eine ambivalente Umgebung unterstellen. Mit der Ambivalenz meint man nicht nur, daß es hinderliche und förderliche Kräfte gibt, sondern noch vielmehr: daß die Lebenskräfte selbst zweideutig sind. In der Schule dagegen sollen die Kinder eine ganz andere Umwelt erleben. Sie sollen sich immer glücklich und geborgen fühlen in einer freien und befreienden Atmosphäre. Sie wollen Zuwendung und Annahme erfahren. Sie sollen nicht kritisiert werden, sondern stetige Ermutigung erfahren. Sie haben vertrauensvolle Bindungen zu ihren Mitschülern, verhalten sich untereinander in persönlicher Zuwendung und offenem mitmenschlichem Umgang. Sie erkennen die Hilfsbedürftigkeit anderer, gewähren Unterstützung, suchen Hilfe, vereinbaren Regeln und halten sich auch daran. Aus der Sicherheit und Geborgenheit der Schule heraus haben sie die Fähigkeit zum sozialen Handeln gewonnen. Sie planen und gestalten, nehmen Beziehung zum Mitmenschen auf, pflegen sie, tauschen Erfahrungen aus und geben sie weiter. Eine in dieser Weise revolutionierte Schule befindet sich in dem strikten Widerspruch zur Arbeitswelt und der umgebenden Gesellschaft.

> *"Die Kinder sollen sich glücklich und geborgen fühlen - in einer freien, befreienden Atmosphäre."*

Die Verfechter dieser "Reformpädagogik" verlangen, daß sich die aufnehmenden Institutionen und die Gesellschaft nach dieser Schule zu richten hat, nicht umgekehrt. Deswegen wird von den umgebauten Grundschulen auch ein unerhörter Druck auf die Gymnasien und die Realschulen ausgehen.

Mir scheint, daß für die nächsten Generationen eine Veränderung der Gesellschaft, insbesondere der Arbeitswelt, im Sinne dieser neuen Schulen nicht möglich und wünschenswert ist. Arbeit zum Beispiel kann nicht in soziale Kommunikation aufgelöst werden. Sicherlich spielen die sozialen Kommunikationen in der Arbeitswelt, vor allem bei der Arbeitsvorbereitung, eine große und zunehmende Rolle. Und dennoch muß gearbeitet werden. Das können nicht nur die Maschinen. Selbst wenn man in Zukunft Arbeiten nur in sozialen Gemeinschaften ausführt, wird es trotzdem immer wieder

Situationen geben, in denen der eine tapfer, mit zitternden Knien, mit Schmerzen, durchhalten muß, während die Mitarbeiter so schnell wie möglich etwas verschrauben, dichten, ausmessen.

Ebenso ist es mit dem Spiel. Es ist nicht zu vermuten, daß die arbeitsteilige Gesellschaft der Zukunft bestehen kann, indem die tragenden Leistungen nebenher als Zufallsergebnis von Spielen zustande gebracht werden. Gerade die Arbeitswelt der Zukunft wird auf Systematik beruhen und die Kategorie des Richtigen und Effektiven festhalten müssen. Die Arbeitsinstruktion an den Maschinen muß systematisch sein und gelernt werden. Man wird auch in der Arbeitswelt der Zukunft wenig mit den Geräten spielen können.

Selbständigkeit wird in der Arbeitswelt der Zukunft gefragt sein. Es ist eine wichtige Tugend des Menschen. Und doch wird es eine arbeitsteilige Gesellschaft sein, in der jeder seine Selbständigkeit für viele Stunden des Tages zurückstellen muß, damit er im Rahmen der Arbeitsplanung vorgesehene arbeitsteilige Leistungen in der richtigen Normierung vollbringt. Wer in der Welt von morgen bei jeder Handlung seine Selbständigkeit einklagt, wird wenige Arbeitsplätze angeboten bekommen.

Auch die Abwertung der Routine ist sehr problematisch. Wahrscheinlich meinen die Reformer es auch gar nicht ehrlich. Denn jeder von uns lebt deshalb mit so vielen Freiräumen, weil es so viele Routinen gibt. Man müßte die reformfreudigen Lehrer einmal zwingen, wenigstens eine Woche ohne Routinen auszukommen und sie stattdessen alles, was sie in Anspruch nehmen wollen, im spielerischen Experimentieren und Erkunden lernen lassen. Wahrscheinlich würden sie es aber schon am ersten Tag gar nicht bis in die Schule hineinbringen, weil sie sich bei dem experimentierend erkundenden Versuch, sich die Barthaare zu entfernen, schon umgebracht hätten.

Die Herabwürdigung der Abstraktion des Erkennens ist besonders schlimm. Die Modernität unseres Zusammenlebens beruht vor allem auf hochspezialisiertem, abstraktem Wissen. Nur in diese Richtung zeigt die Zukunftsentwicklung. Es ist kaum ein Beruf denkbar, den man nach dem Grundsatz "Konkrete Handlung statt abstrakte Erkenntnis" ausüben kann.

Besonders fatal ist die Abwertung des Begriffs Lernen ("Lernfabrik"). Die Schule entwürdigt sich damit selbst. Das Gegenteil aber wäre richtig, wenn die Formel von der "Lerngesellschaft" als der Lebensform der Zukunft stimmt. Schon jetzt ist es so, daß wir ununterbrochen lernen müssen, um uns im Leben zu behaupten. Niemand kann eine Küchenmaschine anschließen, der nicht Abstraktes schematisch lernen und entziffern kann.

Besondere Schwierigkeiten wird die übrige Gesellschaft mit den Kindern dieser Schule haben, wenn es um Leistung und Leistungsbewertung geht. Im Augenblick ist die Arbeitswelt ohne den Leistungsvergleich nicht vorstellbar. Wie die Gesellschaft die Revolution überstehen würde, die Menschen nach ihrem individuellen Anstrengungsgrad zu bezahlen, und nicht nach der mit anderen verglichenen Leistung, ist nicht vorhersehbar. Das Leistungsprinzip hieß bislang: gleicher Lohn für gleiche Arbeit. Jetzt aber soll nach dem individuellen Anstrengungsgrad belohnt werden.

Die Herabwürdigung der Idee der Pflicht ist ebenfalls sehr problematisch. Die Verfechter dieser neuen Schule verweisen auf die Vorbereitung für die Freizeit, die auch Aufgabe der Schule sei. Schüler aus diesen Schulen seien besonders freizeitfähig. Es sei ja auch eine gute Vorbereitung auf das viele Jahrzehnte während Rentenalter. Die zunehmende Arbeitslosigkeit bedeute auch für viele, daß man sie besser gar nicht auf die Arbeitswelt, sondern auf den sinnvollen Gebrauch der Freizeit vorbereite.

"Gleicher Lohn für gleiche Arbeit: Ein Leistungsprinzip, das nicht mehr gelten soll."

Dagegen ist zu sagen: Die Wirklichkeit ist jetzt und in Zukunft, daß wir nur aufgrund des Pflichtbewußtseins der arbeitenden Menschen existieren können. Vielleicht wird es eines Tages nötig sein, einmal ein solches Experiment zu machen und ein paar Tage lang alle Menschen das tun lassen, wozu sie gerade eine Neigung haben, damit diese unsinnige Utopie wieder verschwindet.

Die Schulen werden es nicht erreichen, daß sich die Kinder dort glücklich und geborgen in der freien und befreienden Atmosphäre fühlen. Trotzdem muß man die Zielsetzung ernst nehmen. Auch Idealisierungen und Utopien sind folgenreich. Der Versuch, aus der Ambivalenz der Lebenskräfte herauszuspringen, muß scheitern. Die Lehrer und die Schule als Institution machen sich selber unglaubwürdig. Die Lehrer müssen zum Beispiel dauernd etwas anderes predigen, als sie tun. Sie schreien entnervt die Schüler mit giftigen Worten an und verfechten gleichzeitig auf dem Elternsprechtag und in der Elternberatung die hehren Prinzipien der ermutigenden Erziehung durch die Freiarbeit. Aber welches Bild entsteht den Schülern von ihren Rechten im Leben? Ihnen wird suggeriert, daß sie ein Recht auf diese glückliche Geborgenheit in der freien und befreienden Umgebung haben. Kein Führungskräftetraining zur Personalführung kann so gut sein, daß die Arbeitswelt solchen utopischen Erwartungen entspricht.

Der Autor ist Professor für Pädagogik an der Universität Köln

Henning Günther:

Freie Arbeit in der Grundschule. Eine empirische Unters. Hg.: Elternverein NW, Endenicher Str. 12, 5300 Bonn

Die Bedeutung von Religionen für Maria Montessori. In: Theologisches Nr. 6/1990, Frankenweg 23, 5340 Bad Honnef

Effekte des offenen Unterrichts- Empirische und lerntheoretische Befunde. In. 38. Gemener Kongreß '88. Gymnasiale Bildung. Kongreßbericht S. 86

Gesamtschule Kassel-Waldau
Offene Schule
(gekürzte Fassung)

A. Beschluß der Gesamtkonferenz
vom 21. August 1985

1. Die pädagogische Arbeit in der Offenen Schule hat zum Ziel, die Schüler zunehmend emotional zu stabilisieren, um Selbstverantwortung, Leistungsbereitschaft und kognitive Fähigkeiten zu entwickeln. Alle Maßnahmen zur Differenzierung müssen sich daher zum einen an den jeweils vorhandenen Lerngruppen, zum anderen am Prinzip der Überschaubarkeit für Schüler und Lehrer sowie der Kontinuität sozialer Beziehungen orientieren. Der Unterricht sollte soweit möglich und leistbar binnendifferenziert organisiert werden.

2. Zusätzlich zu den bisher bekannten Formen innerer Differenzierung werden in das Konzept der Offenen Schule Prinzipien der Freinet-Pädagogik und des Projektunterrichts integriert:
- Freies Lernen
- Wochenarbeitsplan
- Freie Texte
- Lernkarteien
- Tischgruppen
- Klassenrat

3. Im Jahrgang 5 wird auf eine äußere Fachleistungsdifferenzierung verzichtet.

4. Die Fächer Englisch und Mathematik werden in den Jahrgängen 6 - 8, das Fach Deutsch im Jahrgang 8, in zwei Niveaus unterrichtet. Aus je zwei Klassen (Doppelgruppe) werden jeweils zwei Lerngruppen mit unterschiedlichem Leistungsniveau gebildet.
Ein- und Umstufungen finden in enger Zusammenarbeit zwischen Schülern, Eltern und Lehrern statt.
Die entsprechenden Bestimmungen der Verordnung über Organisation, Differenzierungen und Abschlüsse, Berechtigungen der schulformunabhängigen (integrierten) Gesamtschulen vom 15. Mai 1985 bleiben unberührt.

5. Das Fach Polytechnik wird in 7 und 8 zweistündig klassenbezogen unterrichtet.

6. In den Jahrgängen 7 bis 10 werden Kunst bzw. Musik (halbjährlich wechselnd) wöchentlich mit zwei Stunden im Klassenverband unterrichtet. (Wahlpflichtbereich I). Beide Fachbereiche legen bis Februar 1986 ein Konzept vor, wie die beiden Fächer im Klassenverband in den Klassen 9 und 10 zu unterrichten sind.

7. Im Wahlpflichtbereich II (vierstündig) werden in den Jahrgängen 7 und 8 für jede Doppelgruppe drei Angebote gemacht:
- Französisch
- Mathematik/Naturwissenschaften/Polytechnik
- Deutsch/Gesellschaftswissenschaften/Kunst/Polytechnik

8. In den Jahrgängen 9 und 10 wird für die Fächer, in denen eine äußere Differenzierung vorgeschrieben ist, eine Zweierdifferenzierung vorgesehen.

9. In den Jahrgängen 9/10 wird der Wahlpflichtbereich II in einen vierstündigen und einen dreistündigen Block aufgeteilt. Die Angebote beziehen sich auf den ganzen Jahrgang.

4-stündig: - 2. Fremdsprache (E/G-Differenzierung
              - Polytechnische Angebote (Wirtschaftslehre, Technik, Sozioökologie)
              - Naturwissenschaftlich-technische Angebote

3-stündig: - zusätzliche Schwerpunktbildung für alle Schüler. Die Angebote orientieren sich an wichtigen Zukunftsaufgaben, an Berufsfeldern und den Aufgabenfeldern der gymnasialen Oberstufe
              - 3. Fremdsprache (+ 1 Stunde)

B. Grundsätze

"Offene Schule" (im folgenden: OS) ist ein Schulversuch nach § 6 des Hess. Schulverwaltungsgesetzes, der durch die Bestimmungsmerkmale des Hess. Kultusministers vom Juli 1980 beschrieben ist. Er soll nach der dort getroffenen Definition die Weiterentwicklung der IGS fördern und ist als solcher an die bestehenden Rechtsvorschriften für IGSen wie Stundentafel, Differenzierungserlaß, Abschlußverordnung etc. gebunden.

Die vom Deutschen Bildungsrat 1969 festgeschriebenen Ziele von Gesamtschulen
- Vermittlung wissenschaftlicher Erkenntnisse für alle Schüler
- Förderung der Lernmotivation und der Leistung
- Individualisierung des Lernens
- größere Chancengleichheit
- soziale Integration

sind, wie zahlreiche Untersuchungen und unsere Erfahrungen an der GSW belegen, nicht in vollem Umfang zu realisieren, u.a. wegen des Kern-Kurs-Systems.

Die Realität der Fachleistungsdifferenzierung zeigt vielmehr Folgen, die diesen Zielen entgegenstehen:

- Die Kurseinteilung findet immer auf Grund der vorher erbrachten Leistung statt und läßt die Komplexität des Leistungsverhaltens von Schülern unberücksichtigt.

- Die homogen gehaltenen Lerngruppen verleiten den Unterrichtenden dazu, tatsächlich vorhandene Unterschiede zu übersehen.

- Je vielstufiger Fachleistungsdifferenzierung angelegt ist, umso zwingender sind die stundenplantechnischen Festlegungen (Parallelisierung, hohe Schülerzahl zur Bildung aller Kurse mit ausreichender Frequenz).

- Die Durchlässigkeit ist in den oberen Jahrgangsstufen nur noch selten gewährleistet.

- Insbesondere die Fachleistungsdifferenzierung nach dem A-B-C-Modell reproduziert das dreigliedrige Schulsystem mit samt den mit ihm verbundenen Leistungsvorstellungen und -erwartungen.

- Durch das Kern-Kurs-System erhalten die einzelnen Fächer unterschiedliches Gewicht: den im Kurs unterrichtenden Fächern wird eher die kognitive Leistung, den Kernfächern das "soziale Lernen" zugeschrieben.

- Die Zuweisung zu bestimmten Leistungskursen schreibt tendenziell das Leistungsverhalten von Schülern fest. Darüber hinaus fühlen sich die Schüler der unteren Leistungskurse häufig diskriminiert.

- Der häufige Wechsel von Bezugspersonen und -gruppen im Kern-Kurs-System hat ein erhebliches Maß an Instabilität der Lerngruppen und der daraus resultierenden Verunsicherung der am Lernprozeß Beteiligten zur Folge.

Die päd. Arbeit in der Offenen Schule dagegen hat zum Ziel, die Schüler zunehmend emotional zu stabilisieren, Selbstverantwortung, Leistungsbereitschaft und kognitive Fähigkeiten zu entwickeln. Alle Maßnahmen zur Differenzierung müssen sich daher zum einen an den jeweils konkret vorhandenen Lerngruppen, zum anderen am Prinzip der Überschaubarkeit für Schüler und Lehrer sowie der Kontinuität sozialer Beziehungen orientieren. Aufgrund dieser Forderung sollte der Unterricht soweit möglich und leistbar binnendifferenziert organisiert werden.

Wenn innere Differenzierung als "all jene Maßnamen (...), die dazu beitragen, den unterschiedlichen Fähigkeiten, Fertigkeiten, Interessen und Lernbedürfnissen der Schüler innerhalb einer Klasse oder Lerngruppe besser entsprechen können", verstanden wird und den Schülern gleichzeitig ermöglicht werden soll, gemeinsam soziale Erfahrungen zu machen und bisherige soziale Erfahrungen aufzuarbeiten, ist es notwendig, daß Schüler unterschiedlichen Leistungsvermögens und sozialer Herkunft in heterogenen Lerngruppen unterrichtet werden. Dies ist Voraussetzung, um folgende Ziele zu realisieren:
- optimale Förderung aller Schüler bei der Aneignung von Erkenntnissen, Fähigkeiten und Fertigkeiten
- Unterstützung der Entwicklung verschiedener Persönlichkeitsdimensionen und Anregung ihrer wechselseitigen Beziehung.
- Förderung der Selbsttätigkeit jedes einzelnen Schülers,
- Entwicklung der Kooperationsfähigkeit der Schüler und der Fähigkeit zu bewußtem sozialen Lernen.

Da der Verzicht auf jegliche Form der Fachleistungsdifferenzierung zugunsten des Unterrichtens mit binnendifferenzierenden Maßnahmen innerhalb stabiler heterogener Gruppen ein idealtypisches Konnzept zur Realisierung gesamtschulspezifischer Zielsetzungen darstellt, müssen weitere Faktoren bei der Erstellung des Differenzierungsmodells der OS berücksichtigt werden:

1. Die Schülerpopulation (Zusammensetzung des Jahrgangs hinsichtlich seiner sozialen Herkunft, Leistungsfähigkeit und Lernmotivation sowie Verhaltensmerkmalen)

2. Das Lehrerkollegium (Einstellung und Erfahrungshintergrund, Innovationsbereitschaft und -fähigkeit, Belastbarkeit, Ausbildungsstand u.a.m.)

3. Die Elternschaft (Aufgeschlossenheit gegenüber schulischen Fragen, Einstellung zu Erziehungsproblemen, Informationsstand hinsichtlich der Ziele und Verfahren der OS)

4. Pädagogische Erfahrungen mit Differenzierungsmodellen (Erfahrungen an der eigenen Schule, KMK-Vereinbarungen, Stundentafel, Abschlußverordnung).

Beachtet man diese Determinanten, so ist der völlige Verzicht auf Fachleistungsdifferenzierung in der OS nicht möglich.
Es ist Ziel der OS, Formen der inneren Differenzierung weiterzuentwickeln und zu entdecken bzw. bereits erprobte päd. Konzepte zu integrieren (z.B. Freinet-Pädagogik, Tischgruppenmodell, freies Lernen), um Alternativen zur äußeren Differenzierung nach Fachleistung zu finden, die sowohl dem unterschiedlichen Leistungsvermögen einzelner Schüler als auch den Intentionen sozialen Lernens gerecht werden.

wird in allen Fächern angestrebt. Eine Verschmelzung, also fächerübergreifendes Arbeiten, ist noch nicht beabsichtigt. In der ersten Phase geht es vor allem darum, bei den Schülern notwendige Fähigkeiten für das eigenständige Arbeiten zu entwickeln um die Qualifikation, einen Teil ihrer Arbeitszeit selbständig zu verplanen. Solche Arbeitsverfahren werden zunächst in den Fächern Deutsch, Englisch und Mathematik eingeführt. Dabei fällt dem Fach Deutsch eine besondere Rolle zu. Nacheinander werden
- Freie Texte mit Vorlesestunde für freie Text (evtl. Hilfsmittel: Ordner mit Schreibanregungen)
- Wochenarbeitsplan (Deutsch)
- Rechtschreibkarteien
- Grammatikkartei
- Schreibmaschinen
- Freinet-Druckerei (nach Vorarbeiten in Kunst: Drucktechniken)
eingeführt.

Hinzu kommen:
- In Englisch eine Vokabelkartei.
- In Mathematik eine Rechenkartei.

Zu Beginn dieser Phase findet auch Bibliotheksunterricht (Benutzung von Verfasser- und Titelkatalogen, Nachschlagewerken in Bücherei und Klassenraum) statt.

1.1.1 Wochenarbeitsplan

Im 5. Schuljahr tragen die Schüler zum Wochenbeginn im Fach Deutsch (in den folgenden Schuljahren auch in anderen Unterrichtsfächern) in einem individuellen Wochenarbeitsplan ein, welche Unterrichtsthemen im Verlauf der Woche von ihnen bearbeitet werden müssen; darüber hinaus schreiben sie in den Plan, welchen "freien Text" sie schreiben, welche Rechtschreibübungen der Rechtschreibkartei sie aufgrund ihrer besonderen Rechtschreibdefizite durchführen wollen und welche Lektüre sie sich vornehmen. Es wird auch festgelegt, welche Deutschstunde zum gemeinsamen Freien Lernen zur Verfügung steht.

Einen Teil ihrer individuellen Vorhaben führen sie außerhalb des Unterrichts durch.
Während der Woche hängt der Arbeitsplan im Klassenzimmer; realisierte Vorhaben werden auf dem Plan abgehakt. Noch nicht Erledigtes ist für jeden Schüler jederzeit abzulesen. Em Ende der Woche notiert er auf dem Wochenplan, weshalb bestimmte Vorhaben nicht durchführbar waren oder was über das Geplante hinaus geschafft wurde. Der Plan wird dann vom Lehrer unterschrieben und ggf. kommentiert und dann vom Schüler seinen Eltern zu Hause zur Unterschrift vorgelegt.

1.1.2 Freie Texte

Die Schüler schreiben wöchentlich zu einem Thema ihrer Wahl einen Text. Textlänge und -form wird von ihnen selbst bestimmt. Manchmal werden Gedichte bevorzugt, dann wieder Aufsätze, Reportagen oder auch Bildgeschichten. Schüler, die ausnahmsweise keine Idee für einen freien Text haben, finden in einem Sammelordner, in dem zu verschiedenen Themenbereichen Bilder mit kurzen verbalen Informationen oder Anfänge von Geschichten enthalten sind, Anregungen. Am Ende jeder Woche verlesen daran interessierte Schüler ihre Texte. Nach von ihr selbst entwickelten Kriterien entscheidet die Klasse, welcher Text ihr am besten gefällt. Es ist für den Wochensieger eine Auszeichnung, seinen Text selbst getippt oder gemeinsam auf der Freinet-Druckerei gedruckt am Aushangbrett der Klasse allen sichtbar zu machen.

Am Ende des Schuljahres besitzt also jeder Schüler eine ansehnliche Sammlung selbstverfaßter Texte; die Klasse eine Auswahlsammlung, die sie mit Schulklassen anderer Schulen austauschen kann.

1.1.3 Lernkarteien als Form individuellen Lernens - Einsatz von Lernkarteien im Fach Deutsch

Im Deutschunterricht gelangen verschiedene Karteien zur Anwendung. Die Rechtschreibkarteien sind im Prinzip gleich aufgebaut: Zu den verschiedenen Bereichen der Rechtschreibung (Groß- und Kleinschreibung, s-Laute, Dehnungs-h...) werden auf Karteikarten kurze Aufgaben gestellt (Kreuzworträtsel, Wortlücken, Reime usw), die die Schüler während der Stunde Freien Lernens, in der Deutsch-Zusatzstunde oder außerhalb des Unterrichts lösen. Sie vergleichen dann ihr Ergebnis mit einer im Karteikasten befindlichen Lösungskarte. Nach folgenden Kriterien wählen die Schüler die Aufgabenkarten:
- individuelle Rechtschreibschwierigkeiten (ggf. Beratung durch den Lehrer)
- Thema des Deutschunterrichts
  (z.B. Groß- und Kleinschreibung)
- Interesse an bestimmten Aufgabenformen
  (z.B. Kreuzworträtsel).

Die Grammatikkartei ist ähnlich strukturiert wie die beschriebenen Rechtschreibkarteien: Zu bestimmten Sachgebieten (z.B. Wortart "Nomen") werden Aufgaben gestellt, die die Schüler in ihrer Fähigkeit schulen sollen, diese zu unterscheiden. Die Vorteile der Lernkarteien (auch die der nachfolgenden, in anderen Fächern verwendeten) sind, daß die Schüler an ihren ganz individuellen Schwierigkeiten ansetzen können, daß sie bis zu einem gewissen Grade die Aufgabenform auswählen können und daß sie lernen, ihre Lösungen selbst zu kontrollieren. Zudem können sie ihren Arbeitsplatzrhythmus weitgehend selbst bestimmen. Weil die Karteiarbeit Spaß

Während unter herkömmlichen schulorganisatorischen Bedingungen die Einlösung der o.g. Ansprüche häufig scheiterte, bietet die OS durch pädagogische und organisatorische Maßnahmen wie z.B.:
- Teambildung
  (bessere Kooperationsmöglichkeiten für Lehrer etc.)
- Gruppengröße
  (max. 22 Schüler pro Klasse)
- räumliche Voraussetzungen
  (Clusterbildung)
- Tischgruppenprinzip
  (stabile heterogene Kleingruppen)
bessere Realisierungsmöglichkeiten.

C. Innere Differenzierung

Zusätzlich zu den Aspekten innerer Differenzierung wie
- unterschiedliche Zugangsweise zum Unterrichtsstoff,
- unterschiedliche inhaltliche Anforderungen,
- unterschiedliche Themen/Interessen der Schüler, die sich in bereits ent wickelten und in der Praxis erprobten Formen der inneren Differenzierung wie z.B. arbeitsteiligem Gruppenunterricht oder Zusatzangeboten für schneller arbeitende Schüler niederschlagen, werden in das Differenzierungskonzept der OS Prinzipien der Freinet-Pädagogik und des Projektunterrichts integriert, um Ziele wie
- Handlungsorientierung
- Praxisbezug
- Selbständigkeit
- Selbsttätigkeit
stärker zu akzentuieren.

Im folgenden werden diejenigen pädagogischen Maßnahmen dargestellt, die sowohl dazu geeignet sind, die o.g. Ansprüche der inneren Differenzierung einzulösen als auch alternative Formen der inneren Differenzierung darstellen.

1. Freies Lernen

In Anlehnung an den französischen Pädagogen Freinet und UDIS (Unterrichtsdifferenzierung in der Sekundarstufe I) werden in der OS verschiedene Formen innerer Differenzierung praktiziert. Die folgenden pädagogischen Maßnahmen sind deswegen so ausführlich beschrieben, weil die Darstellung als Handreichung verwendet werden soll.

Eigene Interessen und Bedürfnisse zu erkennen und danach Lernen selbständig zu organisieren, ist ein sehr hohes Ziel des "Freien Lernens", das nicht sofort von den Schülern realisiert werden kann.

So ist es notwendig, im 5. und 6. Schuljahr gezielt darauf hinzuarbeiten, Selbständigkeit und individuelles Arbeiten der Schüler zu fördern.

Zunächst sind folgende drei Prinzipien in der Förderstufe von Bedeutung:
Statt vorgegebener Inhalte - Auswahllernen.
Statt fachbezogenem Lernen - fächerübergreifende Themen.
Statt der ausschließlichen Information durch den Lehrer ein Verbund von Beobachtungen, Lernanregungen, Lernhilfen und Lernkorrektur.

Die Hinführung zum "Freien Lernen" sollte in mehreren Phasen ablaufen. Diese Phasen sind Veränderungsschritte des Unterrichts, die den Lehrern und Schülern den Übergang vom herkömmlichen Unterricht erleichtern sollen. Die Dauer der einzelnen Phasen ist von der jeweiligen Lerngruppe abhängig und kann im voraus nicht bestimmt werden.

In der **ersten Phase** sollen die Schüler lernen, sich kurze Zeit ohne fremde Hilfe mit einem Sachverhalt zu beschäftigen. Die Arbeitsaufträge sollen möglichst schnell bewältigt werden können.

In der **zweiten Phase** sollen die Schüler kleine Arbeitsthemen aus einem vorgegebenen Angebot selbständig auswählen. Der Lehrer ist für die Organisation und Hilfestellung zuständig.

In der **dritten Phase** sollen die Schüler längere Zeit an einem selbständig gewählten Thema arbeiten. Die Arbeit soll möglichst in Gruppen stattfinden. Die Zusammensetzung der Lerngruppen sollte von den Schülern selbst gewählt werden.

In der **vierten Phase** sollen die Schüler ihre Arbeitsthemen frei bestimmen und entsprechende Arbeitsgruppen bilden. Dabei sollen sie Informations- und Arbeitsmaterial selbst beschaffen und zusammenstellen, so daß sie von dem vorgefertigten Material wegkommen. Das Ziel ist erreicht, wenn die Schüler immer weniger auf vorgefertigtes Material zurückgreifen müssen.

Ein weiteres Ziel ist es, die Schüler zu befähigen, kritisch ihre eigenen Leistungen zu reflektieren. Dies ist nur möglich, wenn weitgehend von fremdbestimmter Leistungsforderung abgesehen wird und die Möglichkeit gegeben ist, selber zu erkennen, was sie erreicht haben und was nicht.

Die Leistungen der Schüler sollen den entsprechenden Fächern zugeschrieben werden. Eine Note für das "Freie Lernen" gibt es nicht.

1.1 - 1. Phase

Das "Freie Lernen", d. h. lehrerdezentriertes, selbständiges Lernen mit individualisierten Arbeitsmaterialien, die Schülerselbstkontrolle erlauben, macht, versuchen sie selten die Lösungen abzuschreiben. Dagegen beraten sie sich gern mit dem Nachbarn über Lösungen und Lösungswege.

Einsatz einer Lernkartei im Englischunterricht

S. Leitner beschreibt in seinem Aufsatz "Lernkartei für den Fremdsprachenunterricht" zunächst, daß soeben Gelerntes zwar schnell vergessen wird, aber leichter als völlig Neues innerhalb eines begrenzten Zeitraumes durch Wiederaufgreifen aktualisiert werden kann. Er fordert darüber hinaus, nicht krampfhaft zu lernen. Als Konsequenz dieser Überlegungen schlägt er eine Vokabellernkartei vor, die eine häufige Wiederholung in der Anfangsphase und ein regelmäßiges Wiederaufgreifen zur Folge hat. Der dabei verwendete Karteikasten ist in 5 Abteilungen unterteilt. Auf Karteikarten werden zunächst neue Vokabeln und Redewendungen aufgeschrieben (Vorderseite: Deutsch, Rückseite: Englisch). Die neu ausgefüllten Karten stehen in der ersten Abteilung mit der deutschen Beschriftung zum Betrachter. Erinnert dieser sich der fremdsprachlichen Bedeutung, was er durch einen Kontrollblick auf die Rückseite überprüft, so steckt er die Kartei in die 2. Abteilung, Erinnert er sich nicht, ordnet er die Karte als letzte in den ersten Teil ein. Vokabeln der 2. Abteilung, an die sich der Schüler auch beim erneuten Durchgehen erinnert,
wandern in die 3. Abteilung usw. Durch dieses Verfahren befreit man den Lernenden vom Aufwand, bereits Bekanntes genau so oft zu wiederholen wie noch nicht Erlerntes. Der Lernerfolg ist für den Schüler an der Menge der weiter wandernden Karten jederzeit augenfällig abzulesen.

Lernkarteien im Fach Mathematik

Beginnend mit den Grundrechenarten, werden ab der Klassenstufe 5 Karteikarten (DIN A 7) angelegt, bei denen auf der einen Seite die Aufgabe und auf der Rückseite Aufgabe und Lösung stehen. Es werden auch Kettenaufgaben gestellt, bei denen auf der Aufgabenseite die Zwischenlösungen durch Platzhalter ausgespart sind. Sie ersetzen teilweise die frontalen Kopfrechenübungen. Mit fortschreitendem Lernstoff wird die Kartei durch neue Aufgaben ergänzt. Das kann sowohl durch die Schüler als auch durch den Lehrer geschehen. Wichtig ist, daß keine Karte unkontrolliert in den Fundus übernommen wird. Die verschiedenen Aufgabengruppen bleiben im Karteikasten zusammen, so daß sie bei gezielter Wiederholung oder während einer Phase des Freien Lernens anhand der Karten bearbeitet werden können.
Die Karten eignen sich zur Partner- ebenso wie zur Einzelarbeit. Sie befinden sich in einem zentralen Karteikasten in der Klasse.
Die beschriebenen Formen innerer Differenzierung der 1. Phase Freies Lernen werden in den folgenden Phasen z.T. ausgebaut bzw., entsprechend den zunehmenden Fähigkeiten der Schüler abgewandelt, weiter praktiziert. Darüber hinaus werden parallel zu diesen Differenzierungsmaßnahmen am Ende der 1. Phase von allen beteiligten Fächern (D, Gl, Bio, Pt, Ma) die fä-

cherspezifisch aufgeteilten 17 UDIS-I-Arbeitsblätter bearbeitet. Die Schüler haben hierbei die Möglichkeit, ihre Lösungen selbst zu kontrollieren. Sie sind für themengleiches Arbeiten vorgesehen. Damit wird gleichzeitig eine inhaltlich fächerübergreifende Arbeit vorbereitet.

Um eine starke Ballung zu vermeiden, soll pro Fach nicht mehr als ein Arbeitsblatt in der Woche bearbeitet werden.

1.2 - 2. Phase

In der 2. Phase sollen die Schüler lernen, aus einer umfassenden Materialsammlung Themen auszuwählen und diese in der Regel in Partnerarbeit zu bearbeiten. Hier bieten sich die UDIS-II-Materialien an, da diese langfristig erprobt sind.
UDIS II umfaßt 35 Materialien, die schwerpunktmäßig den Fächern Mathematik, Deutsch, Gesellschaftslehre, Naturwissenschaften und Polytechnik zugeordnet werden können. Aus diesem Katalog wählen die Schüler jeweils zum Wochenbeginn ein Thema aus und tragen es in ihren Arbeitsplan ein. Die Bearbeitungszeit für die einzelnen Materialien schwankt zwischen 20 und 90 Minuten.

Ausgehend von ihren UDIS-Materialien oder anderen Informationsquellen können die Schüler bereits in dieser Phase "freie Vorträge" anfertigen und halten. (Zu "freien Vorträgen" siehe auch Phase 3.).

1.3 - 3. Phase

Während dieser Phase sollen die Schüler lernen, sich mit einem Sachverhalt auseinanderzusetzen, der längere Zeit in Anspruch nimmt. Das Thema soll aus mehreren Themen ausgewählt und möglichst in Gruppen bearbeitet werden. Da Gruppenarbeit einen hohen Anspruch an den einzelnen Schüler stellt, ist in dieser Phase nicht nur der inhaltliche Schwerpunkt von Bedeutung, sondern auch das Einüben mit dieser Arbeitsform.
Hierbei ist es sinnvoll, Protokolle in den Gruppen anzufertigen (Protokollführer), die etwas über die Arbeitsweise aussagen. Anhand dieser Protokolle ist es den Schülern und dem Lehrer möglich, die Arbeitsweise zu besprechen und zu verändern.

Die konkrete Einzelplanung kann an dieser Stelle noch nicht vorgenommen werden. Die Erfahrungen des Lehrerteams mit der Konkretisierung der ersten beiden Phasen müssen hierbei berücksichtigt werden.

2. Tischgruppen

Schüler neigen dazu, im Unterricht gewonnene Erkenntnisse und gestellte Aufgaben unmittelbar untereinander zu beraten. Häufig wird dieses Tun vom Lehrer als unerwünschtes Verhalten aufgefaßt. Dabei sind Schüler jedoch in der Lage, sich Sachverhalte gegenseitig zu erklären. Wir haben uns entschieden, diese Befähigung systematisch und produktiv zu nutzen.

Die Schüler sitzen in Tischgruppen zusammen (4 - 6 Schüler), wobei jede Gruppe aus Jungen und Mädchen unterschiedlicher Leistungsfähigkeit und -motivation bestehen sollte. Es kommt nun zunächst darauf an, möglichst viele Unterrichtssituationen zu schaffen, in denen die Schüler einer Tischgruppe sich miteinander austauschen können/müssen, und daß der Lehrer als Berater der Tischgruppen, nicht aber einzelner Schüler, auftritt. Diese Unterrichtssituationen müssen nicht zwangsläufig als Gruppenarbeitsunterricht i.e.S. angelegt sein.

Themen, die sonst frontal bearbeitet würden, sind dazu ebenso geeignet.

Folgende Beobachtungen sind dabei zu machen:

Die Schüler setzen sich bei der Bearbeitung eines Themas zunächst mit einem Tischnachbarn auseinander. Erst wenn beide nicht so recht weiterkommen, werden andere Tischnachbarn zu Rate gezogen. Diese spielen auch eine wichtige Rolle, um Arbeitsergebnisse sofort vergleichen zu können. Die spezifischen Fähigkeiten eines jeden Schülers können sich bei diesem Tun ausgiebig entfalten.

Schwierigkeiten treten immer dann auf, wenn einzelne Schüler besonders darauf fixiert sind, Rat von einem Erwachsenen (hier: Lehrer) zu erhalten, Schüler grundsätzlich andere an ihren Erkenntnissen nicht teilhaben lassen wollen ("der guckt ab!") oder wenn einzelne Partner gerade sehr intensiv Interesse an einem nicht unterrichtsspezifischen Thema haben.

In zunehmendem Maße werden der Klasse Unterrichtsthemen angeboten, die ausschließlich in Gruppenarbeit zu bewältigen sind. Die Themen sind zunächst eindeutig so anzulegen, daß die Gruppen, die gut kooperieren, auch ein besseres Arbeitsergebnis erzielen.

Um die Gruppe als soziales Gebilde deutlich zu machen, gibt sich jede einen Namen.

3. Klassenrat

Zum Wochenbeginn wird im Klassenraum eine sogenannte "Wandzeitung" ausgehängt, in die Schüler unter den Überschriften "Ich lobe ...", "Mir gefällt nicht, ...", "Ich wünsche ...", die Ereignisse und Erfahrungen vermerken, die sie besonders bewegen. In der letzten Stunde der Woche wird auf der Basis der Wandzeitung der Klassenrat abgehalten. Dieser wird von den beiden Klassensprechern geleitet. Der Klassenlehrer fungiert anfangs bei der Vorbereitung als Berater der Klassensprecher. Im Rat selbst hat er sich ebenso an die Redeordnung zu halten wie die Schüler; auch hat er nur eine Stimme wie die Kinder.

Alle, die etwas (mit ihrer Unterschrift) in die Wandzeitung eingetragen haben, nehmen zunächst Stellung. Daraufhin wird, wenn das Bedürfnis besteht, diese Stellungnahme diskutiert.

Die Schüler machen auf diese Weise die Erfahrung, daß ihre zwischenmenschlichen Probleme ernst genommen werden. Spannungen, die ihr

Wohlbefinden und auch ihre Leistungsfähigkeit und -motivation beeinträchtigen, können so in der Regel abgebaut werden. Sie lernen darüber hinaus, emotionale Probleme zu verbalisieren und miteinander zu diskutieren.

Gesamtschule Kassel-Waldau
Offene Schule

Wochenarbeitsplan vom _1.10.84_ bis _5.10.84_

Name: _Melanie Hofmann   6a_

Freies Lernen: _Mittwoch   4. Stunde_

UDIS-Thema: _Rangierspiel_

Rechtschreibung: _Wochendiktat_

Freie Texte: _August, der clown_

Lesen: _1 Seite_

Deutsch-Unterrichtsthema: _Rechtschreibung_

Mein Buch

Titel: _Madita_

Verfasser: _Astrid Lindgren_

Wie es mir gefällt: _Gut gefällt es mir_

Was ich noch erledigen könnte: _Ich habe alles gemacht_

Begründung:

Was ich zusätzlich gemacht habe: _Ich habe Kartei geübt._

Lehrer _[Unterschrift]_

Eltern _[Unterschrift] Hofmann_

Bemerkungen Siehe Rückseite

(Der Beschluß fährt fort mit einer genauen Beschreibung der äußeren Differenzierung. Da diese je nach Bundesland, Schulort und gewähltem Schulprofil unterschiedlich sein wird und jeweils sehr konkret aus den beschlossenen Zielen entwickelt werden muß, haben wir auf den Abdruck verzichtet.)

Celestin Freinet
Verlaßt die Übungsräume!

Seien wir ehrlich: wenn man es den Pädagogen überlassen würde, den Kindern das Fahrrad fahren beizubringen, gäbe es nicht viele Radfahrer. Bevor man auf ein Fahrrad steigt, muß man es doch kennen, das ist doch grundlegend, man muß die Teile, aus denen es zusammengesetzt ist, einzeln, von oben bis unten, betrachten und mit Erfolg viele Versuche mit den mechanischen Grundlagen der Übersetzung und mit dem Gleichgewicht absolviert haben.

Danach - aber nur danach! - würde dem Kind erlaubt, auf das Fahrrad zu steigen. Oh, keine Angst vor Übereilung, ganz ruhig. Man würde es doch nicht ganz unbedacht auf einer schwierigen Straße loslassen, wo es möglicherweise die Passanten gefährdet. Die Pädagogen hätten selbstverständlich gute Übungsfahrräder entwickelt, die auf einem Stativ befestigt sind, ins Leere drehen, und auf denen die Kinder ohne Risiko lernen können, sich auf dem Sattel zu halten und in die Pedale zu treten.

Aber sicher, erst wenn der Schüler fehlerfrei auf das Fahrrad steigen könnte, dürfte er sich frei dessen Mechanik aussetzen. Glücklicherweise machen die Kinder solchen allzu klugen und allzu methodischen Vorhaben der Pädagogen von vornherein einen Strich durch die Rechnung. In einer Scheune entdecken sie einen alten Bock ohne Reifen und Bremse, und heimlich lernen sie im Nu aufzusteigen, so wie im übrigen alle Kinder lernen: ohne irgendwelche Kenntnis von Regeln oder Grundsätzen grapschen sie sich die Maschine, steuern auf einen Abhang zu und... landen im Straßengraben. Hartnäckig fangen sie von vorn an und - in einer Rekordzeit können sie Fahrrad fahren. Übung macht den Rest.

Später dann, wenn sie besser fahren wollen, wenn sie einen Reifen reparieren, eine Speiche richten, die Kette wieder an ihren Platz setzen müssen, dann werden sie - durch Freunde, Bücher oder Lehrer - lernen, was ihr ihnen vergeblich einzutrichtern versucht habt.

Am Anfang jeder Eroberung steht nicht das abstrakte Wissen - das kommt normalerweise in dem Maße, wie es im Leben gebraucht wird -sondern die Erfahrung, die Übung und die Arbeit.

Verlaßt zu diesem Jahresanfang die Übungsräume: steigt auf die Fahrräder!

Lassen Sie unnütze Soldatenarbeit

Sie kennen die Geschichte - die nicht übertrieben ist - vom Arbeitskommando, das fünf Männer und ein Gefreiter übernehmen müssen. Sie haben die Aufgabe, einen störenden Haufen Kies in die andere Ecke des Hofes zu befördern.

Irgendwie muß die Sache ja in Gang kommen. Dies geschieht nicht allzu schnell, denn so hinreißend ist die Aufgabe nicht. Nach einer Viertelstunde ist die Gruppe so weit, daß das Werk beginnen kann, wenn man in diesem Zusammenhang von "Gruppe" und "Werk" reden kann: ein Soldat faßt die Griffe des Schubkarrens; wenn er müde wird, setzt er sich darauf. Ein Zweiter achtet auf das Rad, er setzt sich auch auf den Karren, um das Gleichgewicht zu halten. Und die Leute mit der Schaufel in der Hand? Sie achten auf den Feldwebel, und wenn der herschaut, dann schwingen sie, hopp! eine Schaufel voll Kies ... . "Steht da auf", sagt ein schlauer Rekrut, "ich schaffe ja allein mehr als fünf Gruppen zusammen!" "Darum geht es doch nicht", sagen die Erfahrenen. "Wir sind nicht in Zivil, und du wirst nicht nach Stücklohn bezahlt. Du wirst nur allen auf die Nerven gehen: den Kameraden, die keine Lust zu arbeiten haben, dem Gefreiten, der dir, wenn du fertig bist, ganz im Ernst sagen wird: 'Fangen Sie von vorne an ... Bringen Sie den Haufen wieder da hin, wo er war!' Zu Hause bei dir machst du doppelt so schnell. Hier, das ist Soldatenarbeit. Hier gibt's weder Ziel noch Zweck. Das wird gemacht, um die Soldaten zu ärgern und den Steuerzahler glauben zu machen, daß in der Kaserne viele und spezialisierte Arbeitskräfte gebraucht werden."

Warum ist es leider oft so, daß Arbeit in der Schule an diese "Soldatenarbeit" erinnert? Haben wir nicht sinnlos die Kieshaufen, von denen die Lehrbücher voll sind, von einer Stelle an die andere gebracht? Haben wir nicht diese Übungen gemacht, die einzig und allein die Funktion haben, die Hefte mit Tinte zu tränken und - diszipliniert! - die hoffnungslosen Stunden zu füllen, die nichts bewegt und nichts nährt? Haben wir sie nicht gehört, diese schicksalhafte Aufforderung: "Noch einmal von vorne!"

Die Soldaten und die Liedermacher lachen aus vollem Herzen über solche Kiestransporte, über das "Kartoffelschälkommando", den Krawattenknoten oder den richtigen Sitz des Käppis. Die Vorgesetzten glauben vielleicht im Ernst, daß hierin die bestimmten Faktoren liegen, die den Soldaten auf seine Funktion als Kämpfer vorbereiten.

Es ist noch niemand auf die Idee gekommen, die hoffnungslosen Übungen der Schule, die rote Tinte in den Heften und diesen eintönigen und langsamen Rhythmus, der eine Klasse diszipliniert und ordentlich im physischen und intellektuellen Gleichschritt marschieren läßt, zu besingen. Um eine solche Ordnung und eine solche Disziplin aufrechtzuerhalten, muß die Schule den zu schnellen oder zu bewußten Kindern den Kampf ansagen, denen, die zu schnell mit den Aufgaben fertig sind, die man sie anständigerweise nicht noch einmal machen lassen kann. Es gibt ein Gesetz des schulischen Milieus. Wer versucht, ihm zuwiderzuhandeln, greift das ganze Gebäude an.

Sie müssen dieses Risiko eingehen. Prüfen Sie aufrichtig jede Aktivität, die Sie für Ihre Klasse vorgesehen haben. Machen Sie Jagd auf die "Soldatenarbeit", und wenn es sich vorübergehend nicht vermeiden läßt, vergessen Sie nicht, daß es nur Soldatenarbeit ohne Ziel und Ergebnis ist.

Preschen Sie voraus! Begeistern Sie Ihre Kinder so, daß sie immer schneller und immer weiter wollen. Es genügt, wenn Sie genügend Aktivitäten vorsehen - und glücklicherweise gibt es davon sehr viele - die das Bedürfnis nach Kreativität und Selbstverwirklichung nähren.

Der Feind ist die Soldatenarbeit! *Celestin Freinet*

Ordnungshilfen für Klassenräume und Lernumgebung

Ein pfiffiges System zur lebendigen auf- und um-räumfreundlichen Gestaltung des (Klassen-)zimmers. Ein System aus, aber nicht von Pappe! Alles besteht aus mittelbrauner Wellpappe: ein Recycling-Produkt – dabei stabiler als so manches Kunststofferzeugnis, Ablagefächer, Sammelkästen und Schuber werden platzsparend als vorgestanzte Karton-Tafeln geliefert, mit Falteinteilung, Tips und Tricks für die Nutzung des Ordnungssystems in der Freien Arbeit. *(Leider nicht lieferbar in Österreich und in der Schweiz.)*

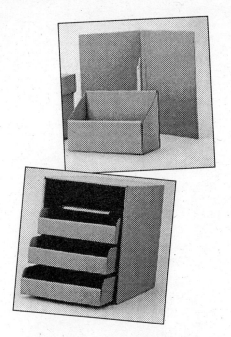

Papp-Schnellhefter
22,5 x 0,5 cm
Best.-Nr. 3030   3,- DM

Karteikasten A4/A5
20 x 15 x 11,5 cm
Best.-Nr. 3003   5,- DM

Schubfachelement
27 x 34 x 35 cm
Best.-Nr. 3004   9,- DM

Ablagekörbchen
24,5 x 7 x 33,5 cm
Best.-Nr. 3001   3,- DM

Prospekthüllen A4
100 St.
Best.-Nr. 3020   18,- DM

Prospekthüllen A5
50 St.
Best.-Nr. 3021   12,- DM

Das Probierpaket:
bestehend aus:
Nr. 1: 4 Ablagekörbchen
Nr. 2: 1 Schubfachelement
Nr. 3: 1 Papp-Schnellhefter
Nr. 4: 1 Karteikasten A4/A5
Best.-Nr. 3000   33,- DM (incl. Porto)